历史的丰碑丛书

科学进步之阶梯
诺贝尔

王桂华　编著

吉林人民出版社

图书在版编目(CIP)数据

科学进步之阶梯——诺贝尔 / 王桂华编著 . -- 长春
:吉林人民出版社,2011.4（2025.4 重印）
（历史的丰碑丛书）
ISBN 978-7-206-07668-8

Ⅰ .①科… Ⅱ .①王… Ⅲ .①诺贝尔,A.B.（1833 ~
1896）—生平事迹—青年读物②诺贝尔,
A.B.（1833 ~ 1896）—生平事迹—少年读物 Ⅳ .
① K835.326.13

中国版本图书馆 CIP 数据核字 (2011) 第 038458 号

科学进步之阶梯 诺贝尔
KEXUE JINBU ZHI JIETI NUOBEIER

编　　著:王桂华
责任编辑:刘　涵　　　　　封面设计:孙浩瀚
制　　作:吉林人民出版社图文设计印务中心
吉林人民出版社出版 发行(长春市人民大街7548号 邮政编码:130022)
印　　刷:北京一鑫印务有限责任公司
开　　本:787mm×1092mm　1/16
印　　张:8　　　　　　　字　　数:72千字
标准书号:ISBN 978-7-206-07668-8
版　　次:2011年4月第1版　印　　次:2025年4月第3次印刷
定　　价:35.00 元

如发现印装质量问题,影响阅读,请与出版社联系调换。

编者的话

"欲知大道，必先为史"。

回溯人类的足迹，人们首先看到的总是那些在其各自背景和时点上标志着社会高度和进步里程的伟大人物。他们是历史的丰碑，是后世之鉴。

黑格尔说："无疑，一个时代的杰出个人是特性，一般说来，就反映了这个时代的总的精神。"普希金说："跟随伟大人物的思想是一门引人入胜的科学。"

以史为鉴，面向未来。作为21世纪的继往开来者，我们觉得，在知史基础上具有宽广的知识结构、开阔的胸襟和敏锐的洞察力应是首要的素质要求，而在历史的大背景中追寻丰碑人物的思想、风范和足迹，应是知史的捷径。

考虑到现代人时间的宝贵，我们期盼以尽量精短的篇幅容纳尽量丰富的信息，展现尽量宏大的历史画卷和历史规律。为此，我们编撰了这套丛书。

编撰丛书的过程，也是纵览历代风云、伴随伟人心路、吸收历史营养的过程。沉心于书页，我们随处感受着各历史时期伟大人物所体现的推动历史进步的人类征服力量。我们随着伟人命运及事业的坎坷与辉煌而悲喜，为他们思想的深邃精湛、行为的大气脱俗而会意感慨、拍案叫绝。

然而，在思想开始远游和精神获得享受的同时，我们也随之感受到历史脚步的沉重和历史过程的曲折。社会每前进一步都是艰难的，都伴随着巨大的痛苦和付出。历史的伟大在于它最终走向进步，最终在血污中诞生了鲜活的"婴孩"。

历史有继承性和局限性，不能凭空创造。伟人也有血肉，他们的思想、行为因此注定了同样具有历史的局限性和阶级的、时代的烙印；他们的功业建立于千千万万广大人民群众伟大创造的基础上。历史是人民群众创造的，伟大的人物们是历史和时代造就的。同时，我们也无法否定此间他们个人的努力。这也正是我们编撰这套丛书的目的。

我们期盼着这套丛书得到社会的认同，对读者，特别是青少年读者之历史感、成就感和使命感的培养有所裨益。史海浩瀚，群星璀璨。我们以对广大青少年读者负责的精神，精心遴选，以助力青少年成长进步，集结出版了《历史的丰碑》系列丛书，敬请读者批评、指正。

历史的丰碑丛书

编 委 会

诺贝尔奖是全世界瞩目的最高奖项。

全世界人民都把它当做一项崇高的荣誉和鼓舞，它象征着当代科学文化发展的最高水平；也正是这个伟大的目标和殊荣，不断地激励和鼓舞着全世界各个领域里的科学家、文学家、爱好和平的人们奋起为它努力、为它拼搏、为它贡献毕生精力。

诺贝尔在全世界人民心目中树立起了一座永恒的丰碑。他以仅有的两年正规教育的学历，出色地解决了极其复杂的科学问题，成为当时高爆炸药的专家，申办了众多的发明专利权。由此，他又组建了一个规模庞大的炸药工业王国，成为一个卓越的工业组织者、大企业家、大发明家。他奔波一生，积累了巨额财产。最后，他又把发明、生产、销售炸药赚来的钱，全部用在促进人类进步的事业上。

目　录

历史的丰碑丛书

童年和母亲

> 走上人生的旅途吧。前途很远，也很暗，然而不要怕，不怕的人的面前才有路。
>
> ——有岛武郎

　　1833年，艾尔弗雷德·诺贝尔出生在瑞典斯德哥尔摩市诺曼斯格坦街9号。在一座二层楼后面，有一条木楼梯直通诺贝尔家，这里有起居室、两间卧室、一间厨房和几件必不可少的家具。

　　父亲伊曼纽尔·诺贝尔是一位有进取心的发明家、企业家。母亲卡罗琳是一位聪颖、贤惠的家庭主妇。诺

→诺贝尔的故居

贝尔有两个哥哥和一个弟弟，大哥名字叫罗伯特；二哥名字叫路德维格；小弟埃米尔是后来在俄国出生的。

幼年时的小诺贝尔体弱多病，面如土色，骨瘦如柴，一犯起胃病来就令人担心他活不了多久了。他整天躺在床上或待在屋子里，不能像其他小伙伴一样到外面欢乐地玩耍，用他自己的话来说："是一盏忽明忽暗的灯。"

当全家人都不对他的生存抱任何希望的时候，只有母亲卡罗琳日夜守护在他身边。她拿出全部的爱心来关照他、陪伴他、帮助他，给他灌输生命的坚强毅力，鼓励他增强战胜疾病的信心和勇气。还给他读书，教他做人；而他又总是用那羸弱的身体和那双深蓝色的大眼睛不停地注视、观察、探索着这个陌生的世界。

也许是这种伟大的母爱创造了人间奇迹，他居然活下来了，并且异常地聪敏。

这使卡罗琳非常高兴，她希望小诺贝尔能继承他

←母亲是诺贝尔心目中最伟大神圣的女性

→瑞典风光

祖先奥拉夫·拉德贝克的天分——拉德贝克22岁的时候就发现了淋巴腺及其功能，是欧洲实验科学的先驱，担任过乌普萨拉大学的校长职务，还是一位杰出的医生和建筑师。

卡罗琳曾经梦想从小诺贝尔的父亲伊曼纽尔身上寻觅到拉德贝克精神的某些特征。结婚几年以后，她发现伊曼纽尔确实具有极丰富的想象力，但他缺少他祖先那份渊博的知识和丰厚的文化素养，这就给他发扬光大祖先的发明创造精神带来不可逾越的障碍。而伊曼纽尔却满不在乎，认为自己有非凡的创造力，并且常常引以为骄傲和自豪，有时还不免膨胀过了火。

现在，这个病弱的小男孩和他的父亲正好相反，自从他会识字开始就贪婪地阅读他所能找到的一切书，而且不时流露出异乎寻常的天赋。卡罗琳对他身上闪现出来的每一个智慧的火花，都用最大的热情来扶持、帮助和培育，她坚信她的希望一定不会落空！

在小诺贝尔的心目中，母亲慈祥、善良、富于幽默感，做事讲求实际，性格乐观快活，而且谦虚有理，顽强不屈。自从父亲的事业在国内受挫，不得不到国外去谋生以后，母亲就在家门前面开了一个蔬菜店，勉强维持自己和3个孩子的生活。

1841年，艾尔弗雷德8岁了，到了上学年龄，母亲担心这病弱的孩子经不起风雨奔波之苦，没想到小诺贝尔天天背着个小书包，兴高采烈地去上学，如饥似渴地学习文化知识，身体也比上学以前强壮多了，这使全家人都很高兴。

1842年，小诺贝尔随同母亲和二哥路德维格来到俄国与父亲团聚。

小诺贝尔如饥似渴地学习文化知识，在知识的海洋里畅游。

在这里他系统地学习了化学知识和俄语、法语、英语、意大利语，还熟悉了欧洲启蒙运动的哲学家们。他非常喜欢雪莱的诗，这位伟大诗人不畏强暴，坚强不屈的反抗精神，深深地影响了诺贝尔的一生。后来诺贝尔写了一部名字叫《复仇的女神》的剧本，就是受这种精神影响的结果。

在这期间，小诺贝尔的胃病不断地发作，每次在生死搏斗中，总是母亲寸步不离地守护在他的身边，无数次地把他从死亡线上拉回来。对这种伟大神圣的母爱，诺贝尔终生难忘。

多少年以后，诺贝尔总是不远万里长途跋涉，回来看望他的老母。

每年9月30日，母亲生日这天，诺贝尔和哥哥们都围在母亲的膝下，热切而幽默地诉说他们的思乡之情；母亲亲自指挥厨子为孩子们做他们最爱吃的饭菜——说不尽的欢乐与幸福。

现在，儿子们都已经功成名就，给她带回来大量的礼物和财产，

→艾尔弗雷德·诺贝尔

← 诺贝尔金质奖章

但是卡罗琳仍然不愿铺张浪费，她没有搬进豪华的公寓，不习惯前呼后拥的仆人伺候。她的房间只能睡下两三个人，大家都得到旅馆去住，儿子们遵从母亲的心愿，就让她依旧住在这里。

诺贝尔最愿与母亲促膝谈心，他觉得只要母亲活着他就永远不孤独。尽管岁月的风尘已把这位睿智、诙谐的"老太太"雕饰得像一尊古老的铜像，可是他仍然能从她那深陷的眼睛里看到童年和少年时代的自己。他从内心里多少次地重复一句话，"妈妈，我永远是您的好儿子，您永远是我最亲密的朋友和最可尊敬

的母亲。"

这位慈祥的母亲，最了解自己的儿子，对儿子的前途充满信心。但是，她却始终看不到他生活中不时掠过的阴影。

诺贝尔的心情总是不好，他非常羡慕路德维格的婚姻和家庭。可怜的母亲对这件事不知是怎么想的。艾尔弗雷德一生没有家室，没结婚。

1889年12月7日，卡罗琳去世了。这对艾尔弗雷德·诺贝尔的打击很大。母亲是他一生中唯一的精神支柱，也是他心目中最伟大最神圣的女性。他永远怀念她。

→ 世间最伟大的爱就是母亲的爱

相关链接
XIANGGUAN LIANJIE

炸不死的诺贝尔

诺贝尔奖的创立者艾尔弗雷德·诺贝尔是瑞典历史上赫赫有名的化学家。由于他把自己毕生的经历和全部的遗产都毫无保留地奉献给科学事业，因而受到世界各地人民的尊敬，永远留在人类文明的史册中。关于这位极具传奇色彩的化学家，流传着许许多多的故事，很多方面甚至成为后人的难解之谜。

这位伟大的科学家在1833年出生在瑞典的首都斯德哥尔摩。他的父亲就是一位颇具才华的机械师和发明家，他潜心于化学研究，尤其喜欢炸药研究。有句话说得好，家庭的熏陶对于孩子的成长方向至关重要。诺贝尔在父亲的影响下，也对研究炸药表现出浓厚的兴趣。还在他童年的时候，就和父亲一起研究炸药了。他的执着、聪慧让他的父亲欣慰不已，对于儿子的表现经常表现出十分满意的神情。

在诺贝尔十岁那年，父亲在做炸药时发生严

重事故，虽然没有危及生命，但是所有的家产房屋化为灰烬，还遭到街坊邻居的强烈抗议。他们因此无法在当地生活下去，只能搬移到他乡。恰逢俄国人邀请他们，他们全家就搬到彼得堡了。

诺贝尔在这方面可谓是子承父业。在他长大成人之后，几经磨难的诺贝尔在回国之后，在父亲和兄长的支持下，全力以赴地投身到他所热爱的发明创造之中。由于多年追随父亲从事炸药研究，使得他的兴趣很快转移到应用化学方面。

早在1846年，意大利的索布雷把硝酸、硫酸和甘油混合起来，发明了一种烈性的炸药，叫硝化甘油。这种炸药的威力无比，但是非常不稳定，稍不留神，操作人员就会有生命之危。因此，诺贝尔

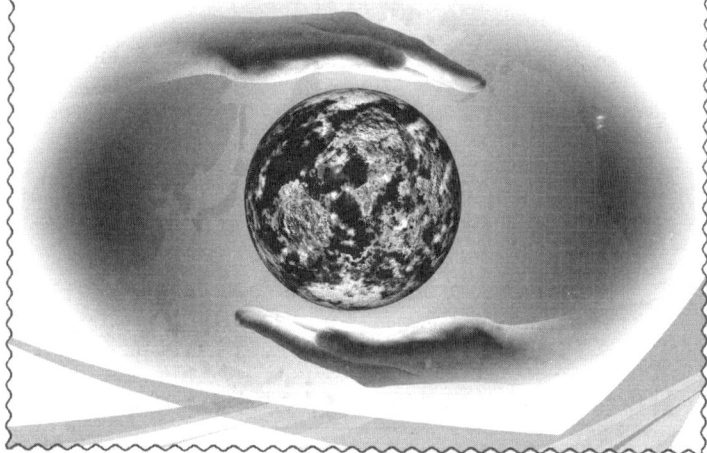

决心研究一种性质稳定的而威力巨大的炸药。然而，这项研究的危险性是非常高的，一不小心就会灰飞烟灭。尽管如此，诺贝尔仍旧勇敢地进行科学实验。但不幸还是不可避免地降临了。在1862年的夏天，诺贝尔开始对硝化甘油进行研究，这是一个充满危险和牺牲的艰难历程，死亡的阴影时刻笼罩着诺贝尔。就在他进行炸药试验时，突然发生了爆炸，实验室被炸得无影无踪，他的五个助手全部遇难，其中包括诺贝尔的弟弟。

人们被这一声巨响所吸引了，纷纷走向街道遥望诺贝尔家的方向，大家已经对这种爆炸声习以为常了，但是这次的爆炸要比以往强烈得多。就在人们以为诺贝尔必死无疑的时候，令人瞠目结舌的奇迹发生了，在熊熊浓烟下，一个遍体鳞伤、血肉模糊的身影慢慢向人们走来。人群中开始有人惊呼，"那不是诺贝尔吗?!"惊愕的人们赶紧将他送到医院救治。对于诺贝尔的死里逃生，好心的人劝告他，让他不要再从事这项危险工作了，因为下次，幸运之神就不会再次降临了。对于大家的关心，诺贝尔很感动，但是他坚定地研制炸药的决心丝毫没有动摇，反而更加坚定了。

　　由于这次惊人的爆炸事故，引起了邻居们的恐慌，政府禁止诺贝尔再在市内进行炸药研究。无惧死亡与打击的诺贝尔，将实验室搬到市郊湖中的一艘船上继续进行。几经试验后，诺贝尔的试验终于成功了，他所研制出来的炸药被命名为"雷管"，这一安全系数高的炸药为即将到来的工业发展做出重要贡献。

远走他乡的父亲

> 理想并不是一种空虚的东西。也并不玄奇，它既非幻想，更非野心，而是一种追求真美的意识。
>
> ——莎菲德拉

艾·诺贝尔的父亲，伊曼纽尔·诺贝尔是一位富于幻想、勇于实践、具有传奇色彩的人物。他兴衰起伏、风云莫测的一生，对他的家庭及后代产生了重大的影响。

伊曼纽尔天生赋有才华，足智多谋，14岁跟随远洋帆船出海谋生。现在，他又站在桅杆前，任凭潮湿

→ 若贝尔的父亲背负重债远走他乡，为求重新创业。

的海风吹拂着他亚麻色的乱发，凝望着海天成一色的地平线，心潮起伏，感慨万千。辛辛苦苦经营多年的企业破产了，如今背负重债远走他乡，不混出个人样来，怎么回来见家乡的父老！

重新创业的渴望不时涌上他的心头。

远处滔天巨浪又掀起他少年时代的回忆。那时远洋帆船在埃及靠岸，他浪迹街头，白天给人帮工干活，夜晚随处露宿，吃尽漂泊流浪之苦。但是，他相信，总有一天会好起来的，他一边努力地干活，一边等待时机。

苍天不负苦心人，机会终于来了。总督默哈穆德·阿里发现了这个聪明勤奋的小伙子，破格起用他为建筑师。其实，他并没读几天书，也没受过严格的正规训练和教育，更缺乏系统的理论知识和修养，但他凭直觉和悟性，努力钻研，再加上实践中的锻炼，居然干出了一番成绩，而且是令人信服和钦佩的成绩。

后来，瑞典国王查理四世路过他的家乡耶夫勒时，他不失时机地露了一手，这对他的一生起了关键的作用。

事情是这样的：他为了向国王表示敬意，在他的家乡仿模罗马凯旋门的样式建造了一座漂亮的凯旋门，实质上，他就是有目的地向国王和大臣们显示自己的才能，以期得到赏识和重用。结果他达到了预期的目的。

伊曼纽尔在家乡仿模罗马凯旋门的样式建造了一座漂亮的凯旋门，得到了国王的赏识和重用。

国王对他仓促之间能建成如此宏伟壮观的建筑表示赞叹，同时也为在这样偏僻小镇能有如此"世外高人"而惊喜。于是瑞典两位杰出的建筑师出资帮助他到斯德哥尔摩建筑学院、工艺学院学习，他的成绩一直优秀。

但他更热衷于发明创造，在学校期间他就申请了3项专利，其中两项因没有新创意而被否决。但这并没影响他搞发明创造的热情。

由于在建筑设计和工艺技术方面得到良好的训练，1835年他在瑞典开设了第一座橡胶工厂，生产有弹性的胶布和外科、军事及工业用品，其中包括他自己发明和设计的用弹力胶做成的成套军用背包、床垫、救生衣和浮桥部件。在这些发明创造和生产上，他投入了大量的精力和财力，顺利的时候，他兴奋得简直得意忘形，遇到挫折，他先是暴跳如雷，接着心灰意冷，但不久，他又会被新的突发奇想所激动，从而投入新的发明创造。

开凿苏伊士运河的消息传来时，伊曼纽尔

→炸药

马上就产生了一个新的创意：他要发明一种烈性炸药，以加速运河工程，还有铁路隧道和矿山开采都需要炸药。这一瞬间的决定使他和他的儿子们与炸药结下了不解之缘。

　　1837年的一天早晨，诺贝尔和两个哥哥都还在睡梦中，院子里突然传来一声惊天动地的闷响，邻居们惊慌失措地跑出来，以为是出事了。但是，一看父亲正得意扬扬地站在试验棚前，为新炸药的试制成功而兴奋得手舞足蹈。邻居们可气坏了，"这还了得，这是爆炸呀，拿生命开玩笑，这怎么能行呢?"伊曼纽尔给他们解释："这是小规模的试验，不会带来什么危害。"他越解释，人们越激怒，最后纷纷指手画脚围攻他，

诺贝尔和两个哥哥吓得躲进屋里。后来事态进一步扩大，市政当局出面干预，最后做出决定，禁止伊曼纽尔继续试验这种危险的炸药。

伊曼纽尔为了自己的科学试验，早已是债台高筑，债主们原指望他试验成功，好与他共同分享红利。没想到试验被政府禁止了，于是纷纷上门讨债，扬言不按期还债或者提不出什么可靠的保证，他们就要联手把他送进大牢。

这就是此次走出国门漂洋过海的背景。

天完全黑下来，远处巨浪还在翻滚。他走进颠簸的船舱，思绪仍然在脑海里翻腾：他每次的发明都没能引起当局的重视，这使他很早就有到海外去发展的念头。这次市政当局又下令禁止他试验，使他想通过研制炸药改变经济状况的希望又一次破灭不说，还背了一身债。偏巧在这时，有一个俄国政界人物哈尔特曼博士率领一个商业代表团到斯德哥尔摩访问，伊曼纽尔又一次抓住机会，他去拜访哈尔特曼，极力向他宣传他的炸药的试验前景和实用价值，并指

出军界一定会对这样的试验感兴趣。哈尔特曼听后建议他先迁居芬兰，继续这项研究工作，并同时与圣彼得堡军方取得联系。

不久，伊曼纽尔从芬兰来信，说他已经找到了试验炸药的场地，他正从两个方面着手试验：一方面是用来保卫城镇和据点的地雷；一方面是保卫海港码头的水雷，待等这两项试验取得令人满意的成果时，他马上就向俄国军方表演他的新发明。

看了他的信，母子四人不胜感慨。尤其是母亲卡罗琳，这么多年独自一人带着三个孩子，在紧张地忙碌中，时有孤独寂寞之感，自己仿佛是一个弃妇，多么渴望"破镜重圆"之时啊！

她经常在这"痴心妄想"中蹉跎岁月，她有时感到，她是错把自己和几个可怜的孩子拴在一个性情捉摸不定、又总是雄心勃勃的人身上。

有一天，诺贝尔放学回家，发现母亲和两个哥哥都非常高兴，原来他们刚收到父亲一封信，说有一位很懂专业技术的俄国将军伊盖尔夫考察了他的试验室，认为这项试验很有前途，答应要为他争取到一个由专家组成的委员会面前做一次地雷和水雷爆炸表演的机会。还说，只要财力许可，就可以建厂投产，由他俩合伙经营。

过一段时间，伊曼纽尔又从圣彼得堡来信，说这次表演非常成功，他使一连串的地雷同时爆炸，一时间山摇地动，硝烟滚滚，火光冲天，摧毁了一大片土地，假如这里是敌军入侵的阵地，那么至少要有50名侵略者被送上西天。

伊曼纽尔因此受到嘉奖，他用这笔钱建了一个翻砂车间和一个制造小型快速火器的工厂，生产小型武器。

由于有俄国军方伊盖尔夫将军的合伙经营，来自陆军方面的武器订单源源不断涌向工厂，使伊曼纽尔财源滚滚，生意兴隆。

这时他为全家购置了一幢漂亮的房子，并亲手安装上了他自己最新发明的暖气设备，把各个房间装修一新，并为孩子们聘请了俄国当时最著名的科学家、化学教授尼古拉·津宁和药物学教授尤里·特拉普以及瑞典最优秀的教授作为家庭教师，培养他的孩子们。

在伊曼纽尔的一生中，这段时间是他事业上最辉煌的时期，也是家庭生活较为宽裕的日子，几个孩子的成长和后来的发展都与这段时间的培养密切相关。

父子之间

> 性痴，则其志凝。故书痴者文必工，艺
> 痴者技必良。
>
> ——蒲松龄

诺贝尔一生搞过很多项发明创造，这不能不说与他的先人以及他的父亲有直接关系，他的许多发明创造都与先人曾研究和从事过的专业异常相似。

诺贝尔的父亲，是一位有着天然禀赋和不屈不挠的人。他勤奋刻苦、思想活跃、心灵手巧、行动果敢，无论有多大的压力，他都能去实践自己的奇思妙想，而且成功率也很高。

这对诺贝尔不仅是一种启发，也是一种鼓励和鞭策。他一心扑在发明创造上，主要是由于父亲的事业遇到挫折和难题，使他奋起为父亲排忧解难。他总是把父亲伊曼纽尔那

← 炸药之父——诺贝尔

些零乱、模糊又极有启发性的念头变成切实可行的计划，使父亲的事业如虎添翼。

初试成功，他看出自己的某些想法完全优于父亲；父亲一边欣然接受，一边心里不高兴。儿子超过了父亲，父亲感慨颇多。这并没有影响诺贝尔的情绪，他想这是正常的。不管怎样，有这样的父亲，对诺贝尔来讲也是一个好事，尤其是在伊曼纽尔的工厂里当助手那段时间，对他是一个很好的实习锻炼机会。

后来，由于俄国新政府撕毁合同，使伊曼纽尔的小型快速火器工厂不仅再没有武器订单，就连已生产出来、堆在仓库里的成品，正在投产中的半成品和大批原材料，以及全套的生产线、设备，完全都成了废品，俄国政府不给一点补偿，致使伊曼纽尔兢兢业业二十几年创建起来的产业转眼间就化成了泡影。

伊曼纽尔又和初来俄国时一样一贫如洗。无奈，他偕家迁回到瑞典。

伊曼纽尔是个永远不服输的人。回到瑞典，他又继续多年从事的火药雷试验。

他想找到一种比普通黑色炸药更有威力的炸药。因为早在1855年，在圣彼得堡时曾有两位俄国科学家即诺贝尔的化学老师尼古拉·津宁教授和药物学教授尤里·特拉普就提醒伊曼纽尔父子"要去注意那种异常猛烈的炸药物质——硝化甘油"。

一天，伊曼纽尔把10%的硝化甘油加到黑色炸药里，制成"强化炸药"；但要使爆炸纳入控制的努力却没能成功。

伊曼纽尔发现自己缺乏正规、系统的科学训练和学习，总觉得在试验过程中有点儿力不从心。因此，决定把当时正在国外旅游、学习的诺贝尔召回来，帮他想想办法。

这时的艾尔弗雷德·诺贝尔，已经是一位熟练的、

← 圣彼得堡

有经验的化学家了。他来到试验室，一看，就知道这种比例不会奏效。

于是，他就自己动手，经过多次试验，最终得出硝化甘油和黑色炸药各半的比例，效果更好些。这时，小弟埃米尔又发现，"粒状炸药为硝化甘油所渗透会产生更强的爆炸力"。

诺贝尔又对爆炸的方法来个正好颠倒的设计：把黑色炸药装在玻璃管里，放进盛着硝化甘油的罐子里，准备一次公开的试验。

父亲对他的爆炸方法和硝化甘油的配比都持反对意见，艾尔弗雷德不顾父亲的反对，坚持这次公开试验，而且坚信这个试验一定能成功。

伊曼纽尔看见自己说服不了儿子，就给住在芬兰的大儿子罗伯特写信，告诉他家里的情况以及矛盾、分歧和就要被实施的公开试验。

不久，罗伯特从芬兰来信，劝阻诺贝尔"赶快把广博的知识和非凡的才智转移到更为严肃的课题上去"。

艾尔弗雷德决心把试验坚持到底。

罗伯特风尘仆仆地从芬兰赶回来。

试验场地上，空气异常紧张，诺贝尔点燃了引线，燃烧一会儿，突然把这个"魔盒"扔出去！

在这千钧一发之际——

没爆炸。

父亲不禁放声大笑，罗伯特想到在精心筹划了这么长时间到头来连炸都没炸开，也不免笑出声来。

只有埃米尔认真地走过来拣起"魔盒"。

父亲和大哥的笑声，深深地刺痛了诺贝尔，他决心一定要找到没爆炸的原因。

从理论上讲，这次试验是应该百分之百成功的。不久，他终于找到没有爆炸的原因：原来是炸药封闭不严，于是他就用封漆密封炸药管子两端，这次爆炸成功了。

1863年10月14日，诺贝尔硝化甘油制品第一项专利权得到批准。

经过一段沉默之后，老诺贝尔逐渐感到自己在试验硝化甘油初期所做的种种努力和试验被忽视了。眼看一个将被世人瞩目的发明专利权属于儿子了，他觉得实在难以忍受。

一天，他突然从晚饭桌边跳起来，破口大骂，说："硝化甘油炸药是我首先研究的，专利权怎么能是你的呢？你凭什么申请专利权？"

诺贝尔站在父亲面前，脸色铁青，他说："是的，我尊重您和先驱们的功绩，我知道是索布雷罗第一个接触这个问题的，您也正在研究，小弟埃米尔也为硝化甘油做出过贡献，还有提醒我们注意硝化甘油研究的津宁教授，你们大家不停地研究和探索，为我最终研究成功铺平了道路。可是，最终研究成混合炸药的人是我，而不是别人，我理应获得硝化甘油制品的专利权，这没有什么异议！"

伊曼纽尔气呼呼地说："是你！全是你的！"

诺贝尔平生第一次和父亲针锋相对，对发明专利权的事他分毫不让。伊曼纽尔平时就脾气暴躁，这时更是火冒三丈。

卡罗琳急坏了，看看老头子，看看儿子，对他们父子争论的问题也不甚了解，就挽着老头

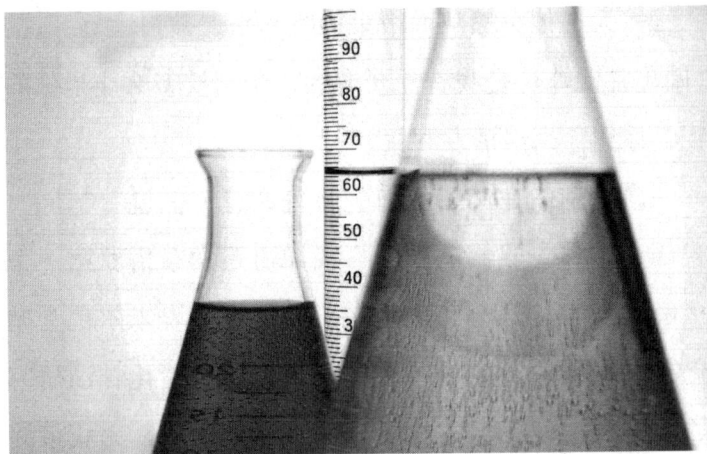

子的胳膊，把他扶进房间。

她利用他的虚荣心说："做父亲的应该为儿子取得成绩而骄傲才是。再说，你心里有的是创见和主意，足够孩子们去实现的。对年轻人要支持引导和鼓励才对，而且你将来给孩子们留下的不是财产，全是些数不尽的创见，这不是比什么都伟大吗！"

老诺贝尔终于软下来。见他睡下了，卡罗琳又去安慰儿子。

她劝他以书面形式向父亲陈述自己的意见。

虽然她知道伊曼纽尔看信也会大发脾气，但儿子不在眼前，他的气也就会渐渐消了。

果不出卡罗琳所料，伊曼纽尔看信后，还是决定再不进儿子的试验室，也不愿过问儿子试验室的事了。

就在父子矛盾进一步激化的时候，发生了赫勒内

堡灾难。

1864年9月3日，是对诺贝尔一家打击最大的一天。这天诺贝尔因事外出，小弟——21岁的大学生奥斯卡·埃米尔和一位名叫卡尔·埃里克·赫茨曼的年轻化学师在赫勒内堡新建的硝化甘油试验车间工作时，不幸遇难。

诺贝尔办完事，想到新建成的试验室和这种非常危险的试验品，打消了游玩的念头，决定立即回家。

就在离家不算太远的地方，突然，视线上空腾起一股浓烟，接着一声闷响，震得大地忽悠一动。他的心立即紧缩起来，他有一种不幸的预感，开始疯狂地往回跑。

一路上，他只希望后果好一点，但不敢抱过多的幻想。在绝望中他想，要是有一个人发现危险信号，把大家叫出车间或试验室就好了，损失房子和药品仪器也行，只要人没有伤亡比什么都强。可是他深知这种硝化甘油的性能，是不容乐观的，只要它发作了，一瞬间就会片甲无存，他不敢想下去……

那天早晨，伊曼纽尔和卡罗琳正在吃早饭，突然一股热浪把房门掀开，两位老人抬头一看，大火正从实验室里窜出，接着一声雷鸣般的巨响。玻璃、餐具震落一地，霎时间，整个实验室化作一个烈焰滚滚的火盒子。老诺贝尔疯狂地扑向烈火，他要去救他的儿子，卡罗琳拼命地抱住他，她虽然知道埃米尔也在那里。但是，一切都晚了。

老诺贝尔肝肠寸断，他眼看着小儿子和化学师等四人葬身火海化成灰烬，来不及、来不及、一切都来不及啊！

诺贝尔赶到现场，火已扑灭，呈现在他面前的是四具烧焦的残骸和冒着淡淡的余烟、散发着焦腥气味的废墟。他轻轻推开家门，屋子里死一般的沉寂，父亲像一尊雕塑矗立在屋子当中，失神的眼睛凝视着毫无感情的墙壁，厨房里传来母亲卡罗琳断断续续的抽泣声，一切都明白了。

诺贝尔仔细观察事故现场，搜寻、查找引起大火的原因，他为弟弟和助手们的不幸遇难感到悲哀，同时对

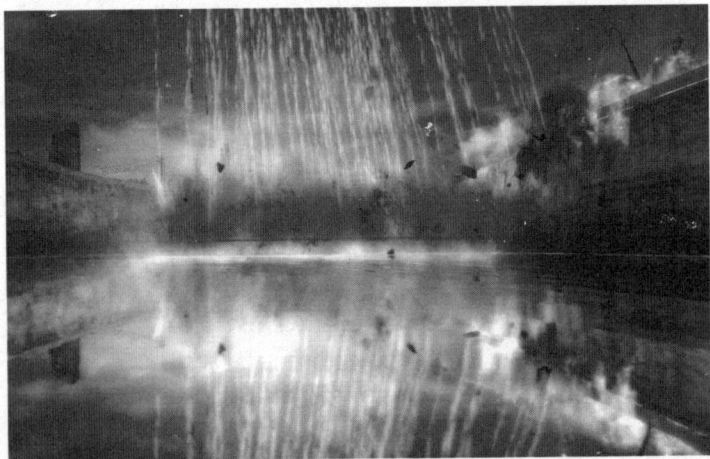

这场突发的事故感到愤慨。虽然看到父母悲伤难过，但他控制不住自己，他向父亲大发雷霆。他认定，这场事故是由于室内温度超过了25℃，致使硝化甘油突然起火爆炸，如果当时有一个经验丰富的专家在场，这种由于疏忽造成的事故是完全可以避免的。他在城里洽谈生意，父亲本应该在现场担当指挥的角色，可是他没有，他没帮忙。如果他在场绝不会发生这场惨祸。

→硝化甘油

这场爆炸轰动了赫勒内堡全城，引起了市民的强烈震惊和骚动，一些夸大其词的报道更是推波助澜，耸人听闻的谣言也四处蔓延。说这种新炸药威力无比，那么一点点的实验品就引起这样大的爆炸，若是生产出两公斤这样的炸药，一不小心失了火，全城还不都得变成废墟！人们惶惶不可终日，再加上蛊惑人心的宣传，形成了一股强大的舆论压力，迫使警方出面干预，调查事故发生的经过和细节，以便确定其中是否存在着刑事上的责任和罪过。

这种夸大的宣传和声势，从另一个侧面也为诺贝尔试制的炸药做了宣传广告——瑞典的铁路公司和矿业公司出面讲情了。

　　铁路公司为了开凿苏德曼姆山的隧道，完成通向斯德哥尔摩的铁路工程，急需硝化甘油炸药；矿业公司对这种威力巨大的炸药也十分感兴趣，他们极力向有关当局疏通，为诺贝尔一家开脱罪责。他们说："在试制炸药的过程中，事故是难免的，况且这种新型炸药对推动我国的工业技术革命具有十分重要的意义，于国于民都有利。如果说生产执照的签署人伊曼纽尔·诺贝尔犯有玩忽职守的罪责的话，那么在这场不幸的事故中，他痛失幼子，这也算得上对这位不断创新的老人的惩罚了。换句话说，他也搭上个儿子，他既是事故的直接责任者，又是这场事故的受害者。"但是警方依然不肯放过他们。

　　诺贝尔先是埋怨父亲拖着他们兄弟走上这条发明炸药的危险道路，又批评父亲不该耍小孩子脾气，如果他能像以往那样在试验室里随时提醒小弟和化学师看温度计，就不会发生这场悲剧。随即他又为自己推卸责任而感到羞耻，于是代替父亲出庭承担全部后果。

　　因为这个工厂的营业执照是父亲的，他这种勇于代父顶罪的精神和行动值得称道。但他也趁此声明：是他利用父亲的小型快速火器厂搞这种硝化甘油的试

验，也就是说硝化甘油是他而不是他父亲发明的。

老诺贝尔没有与儿子争着承担责任，对儿子声称硝化甘油是自己发明的也默认了，还做了一个违心的辩护。他说："因为没一个人幸存，我只能根据亡儿在遭难前几天对我说的话来推断，这次爆炸是由于他企图简化制造炸药方法而造成的。"把责任全部推到埃米尔身上。

尽管他们做了有力的辩护，父亲仍然有可能被追究责任。痛失爱子已使他蒙受切肤之痛，警方再追究责任，老人是会受不了的。

幸运的是警方只禁止在城区内继续生产硝化甘油，就此结案。

后来，由于硅藻土炸药，也就是达那炸药的发明，瑞典科学院为父子两人颁发了一枚金质奖章。

伊曼纽尔非常可怜，自从埃米尔死后，每年到忌日那天，他都很早就从梦中惊醒。一个人跑到当年出事的地点，站在那里自言自语，指手画脚，好像他在告诉埃米尔应该这样、那样。从那里回来，他就一头扎在床上，不说话，也不想吃东西。每年这一天，都是他的难关。

9年以后，父亲逝世了，也是在埃米尔忌日那一天。

事业上的磨难

古之成大事者，不唯有超世之才，亦必
有坚忍不拔之志。

——苏轼

自从硝化甘油炸药在全世界范围内引起轰动后，欧洲、美国的采矿业和筑路工程对高爆炸药的需求量直线上升，诺贝尔公司迅速在世界各地建厂，生产销售硝化甘油炸药。但在这期间不断传来恶性爆炸事故的消息，致使英国政府做出禁止海上、陆路运输的决定。

有一次，罗伯特带着12个小瓶子出去演示，剩下两个就放到箱子里捆在车顶上，一路上旅客们谈笑风生，根本不知道死神就在他们头上盘旋。到达目的地时，小

瓶子只剩下一个了，吓坏了罗伯特，赶快沿来路回去找，一个伐木工人正在用小瓶里的油擦皮鞋！

还有一次，硝化甘油中的酸性物质把锌罐蚀出个洞，硝化甘油一滴一滴落在大车轱辘上，当"润滑油"用，不明真相的赶车人还挺高兴，知情者却脸都吓白了。

1865年12月纽约发生了一次大爆炸。一个月之后，德国不莱梅港又有200人受伤，28人死亡。但这次事故不是疏忽和技术上的问题，而是一个叫威廉·金汤普森的美国人搞的一次阴谋。他想弄钱，就把一批暗藏硝化甘油装置的货交给德国轮船"摩泽尔号"托运，并做了巨额保险，这艘开往美国的轮船还蒙在鼓里，起锚时"炸弹"提前爆炸，金汤普森也和他的金钱梦一起见鬼去了。

1866年3月澳大利亚悉尼市又传来了爆炸消息。至此世界各地连接爆炸，犹如一场连锁反应。这种"送命油"引起了全世界的恐慌，人人谈虎色变，再加上原来生产普通炸药的人起劲夸大宣传，迫使各国政府连忙作出各种规定限制出口和运输。

诺贝尔一边应付接踵而来的爆炸事故，一边深入研究怎么才能控制或吸收硝化甘油的液体，增加它的稳定性又不减其爆炸力。同时，他也很内疚，因为为了抢占市场，他在还没有找到一个安全可靠的混合剂之前就开始生产销售这种危险的炸药。现在企业遇到了来自各方面的压力，诺贝尔如坐针毡。

不久，他终于找到一种叫硅藻土的物质，可以增加硝化甘油的稳定性，减少运输中的震荡和溢出，起到了凝结液体油的作用，因而获得瑞典科学院颁发的金质奖章。

这时，也许是出于嫉妒，本来应该成为最大买主的几个国家却联合起来抵制他。这股潮流使诺贝尔的企业重新陷入危机中。

1870年艾尔弗雷德·诺贝尔在谋求用硝化甘油打破黑色火药在法国的垄断市场的日子里结识了一位对诺贝尔一生事业至关重要的人物，他叫保罗·巴布，比诺贝尔小3岁。这个人出奇的聪明、英俊、潇洒。一个缺乏洞察力的人，往往为他表面上的温文尔雅所迷惑，其实这只不过是他用来掩饰自己伟大抱负的一种方式和方法，也是用以解除对方武装的一种手段。诺贝尔欣赏和器重他的才能，两人一见如故。

经过一段接触，两人商定共同使用他在法国的专利权，并组办一个拉丁语系国家炸药厂，由巴布亲自指挥。诺贝尔专门从事研究工作以发展扩大他们的事业，诺贝尔也很高兴能从繁杂的事务堆里解脱出来。

　　巴布四处奔走，两年内先后在西班牙的毕尔巴鄂、意大利的都灵、瑞士的伊斯莱登、葡萄牙的里斯本办起炸药厂。巴布努力想把诺贝尔在世界各地的企业协调起来，设立一个办事处，以便及时传递各种情报和信息。可是这时，德国生产黑色炸药的厂家又联合起来向诺贝尔企业发起更猛烈的攻势。这些人奸诈狡猾，压不服，得通过让利、讨价还价，用交际手腕或个别磋商，才能适时稳住市场价格。这需要有能力、有魄力、懂策略、必要时善于软硬兼施的、有威信的权威人士才能胜任。巴布不负众望，亲自坐镇指挥三年，终于合并了势力最大的对手企业，一年后又成功地合并了除法国、瑞典、俄国以外的全球炸药行业，组成了一个规模庞大的诺贝尔托拉斯集团。巴布这个杰出的法国小伙子，相伴诺贝尔几十年，有过人的本事和才能，诺

→巴拿马运河

贝尔十分信任他。尽管知道他爱财如命，但仍然放手让他去承担重任，除非他主动来汇报和请示工作，他从不去干预和过问他的经营管理和所做出的人事安排。

但不幸的是诺贝尔对他的信任和宽容却导致了始料不及的后果，使他在巴拿马运河事件中遭到难以承受的打击，致使他猝然死去，这是后话。

艾尔弗雷德·诺贝尔不吸烟、不喝酒、不赌博。他对无聊的社交从内心反感，更讨厌应酬，唯一的爱好是去参加知识分子和科学家们的聚会。

一天，他在聚会中结识了法国作家维克多·雨果和开凿苏伊士运河的工程师费迪南·德·雷赛布。雨果邀请诺贝尔参加他与雷赛布的谈话。这位工程师正在谈凿通中美洲巴拿马运河的重要意义。雷赛布说，世界上的工程师虽然有知识，但缺乏想象力，不大胆。当年他开凿苏伊士运河时，曾被普遍认为是异想天开，遭到上自政府、下到平民的猛烈抨击。但他成功了，改写了人类世界交通史。他还说，现代文明将能够完成更加令人难以置信的工程。雨果非常赞成雷赛布的观点。这些具有远见的人们讨论的话题使诺贝尔很兴奋。以后他们又多次接触，共同探讨人类的前途和进步事业。

这些有益的聚会更加激励诺贝尔去寻找能够代替

硅藻土的物质，要让它既能有效地减少硝化甘油在液体状态下固有的危险，还要进一步提高达那炸药的爆炸力。

有一天晚上，他的手指被玻璃碎片划破了，他随手拿起薄得像皮肤一样的火棉胶敷在伤口上，就上楼睡觉去了。可是伤口疼得厉害，他翻来覆去睡不着，他想与其在这折腾不如回试验室去。下楼时他想，这么一点小伤口，敷上一块火棉胶就疼得这么厉害，真是见鬼！把火棉胶投进硝化甘油，看看是个什么效果？出人意料的是：困扰他的试验难题就这样轻而易举地解决了，真是踏破铁鞋无觅处，得来全不费工夫！他成功了，爆炸力比达那炸药提高了46倍！兴奋得他跳了起来。

在后来开通圣哥大隧道、横穿阿尔卑斯山脉工程中，这种炸药显示出了巨大的威力，那些无比坚硬的

→隧道

←阿尔卑斯山

岩石，在这巨大的威力面前，像风吹柳絮一样，乖乖地给火车让道。

伟人们谈的、想的和做的永远是关于人类的前途和进步的话题。

苏伊士运河开凿的成功，使巴布对开凿巴拿马运河很感兴趣。因为这个工程需要大量炸药。但是这个工程从一开始设计就存在两个致命的错误：一是技术上的，一是金融上的。有不少人曾提出不同意见，但是运河公司不予理睬，在施工过程中问题逐渐明朗化，运河公司只好铤而走险，运用手段打通各路关节，争得议会通过发行国家彩票集资。但最后抽奖时，由于公司付不起巨额彩奖而败露，这就是轰动全球的"巴

拿马运河丑闻"。

　　结果导致牵扯法国104位国会议员的涉嫌巨额国家彩票受贿案。身为国会议员的巴布，在这时猝然死去。

　　这次丑闻使诺贝尔公司卷进一桩可疑的甘油投机买卖中，作为董事长诺贝尔要付出巨额经济赔偿。事情是这样的：巴布为了能从美国公司手中抢来这笔生意，而起用了一个毛遂自荐的叫马利·埃米·阿尔顿的年轻冒险家。巴布派他到运河工地考查，阿尔顿一到巴拿马现场就知道这个工程希望渺茫，而且必败无疑。但是，他没有顾及这个严重的后果，却硬是把这项工程揽到手里，致使公司无形中受到巨额经济损失；更使诺贝尔伤心的是巴布的用人不当。巴布的僚属不该背弃公司的信任，而这时阿尔顿又因公出差。

接着法庭又以国会议员巨额受贿与诺贝尔公司有牵连而要诺贝尔交付460万法郎合20万英镑的赔偿费，这使诺贝尔百思不解。他哭笑不得地说："真是莫名其妙的法律！"

无烟炸药的发明，赢得了科学界的赞赏，受到了军界的青睐，也成了英国政治斗争的靶子。

1888年英国政府设立了一个皇家调查委员会，专门调查用于军事目的的新发明，并要求把调查结果和新技术资料全部提交陆军部。

诺贝尔非常诚实，把资料和实验过程全部上交给两个调查委员，这两个人是诺贝尔的好友和同行。他们看了诺贝尔的资料后，觉得大有潜力可挖，稍微改动一点就可以变成另外一种新发明，而且爆炸力不会

低于原设计，这样他们一边作为政府调查委员，一边偷窃朋友的资料进行改动，而后申办自己的发明专利。真是害人之心不可有，防人之心不可无。一场无烟炸药的官司拉开序幕，结果诺贝尔败诉了。

虽然法官在私下里赞扬诺贝尔为人正直，从来不要花招，说一个被允许爬到巨人背上的侏儒，当然比巨人看得远，云云。但是，法庭依然判定那两个人没有侵犯诺贝尔的专利权。诺贝尔为亲密无间的友谊遭到的背叛和法律条文的苍白无力而感到伤心和失望。

为此他写道："正义之神经常两腿瘫痪、行动迟缓，可是现在她的头上又挨了一棍子，牛奶洒了，哭也没用。"

社会上议论纷纷，英国政府为了平息这场不公平的官司，向诺贝尔公司订购了大量的无烟炸药。官司打输了，诺贝尔要付两万英镑的诉讼费。经济上的损失倒不算什么，诺贝尔对政府高级法庭对这种严重的道德败坏行为的姑息和纵容气愤已极。在一封信中他写道："你提到那些朋友。他们在哪里呢？他们已经陷进虚无缥缈中，掉进捞钱的泥潭，只有在狗群里，在寄生虫堆里才能找到朋友。"

诺贝尔开始坐下来回想自己的经历和遭遇，审视与欧洲各国的关系：他对英国政府最没好感，他们太

保守，法律不敢开创前无古人的条文，不能公正地站出来主持正义；想到法国，早些时候，自己与黑色炸药垄断当局的冲突，加之法国人说，大脑是"法国的"器官，使他讨厌，也不愿回到那里的塞夫兰实验室去；德国虽然有充足的化学品和机械零件，但他不喜欢威廉二世时的狂暴军事姿态和那里的政治动乱。他觉得和他关系较密切的还是瑞典。他认为瑞典人还是最可靠的，他打算迁回瑞典。

那是1891年，在德国的汉堡公司收到一份从巴黎发来的电报，诺贝尔一看就知道又是那个阿尔顿在投机取巧，为公司买进大批甘油。现在甘油价格暴跌，公司损失惨重，庞大的托拉斯濒于崩溃，阿尔顿畏罪潜逃。

诺贝尔估计，这事可能跟巴布的死有关。法国人估计到巴布一死，诺贝尔公司肯定会抛出大量甘油，因而故意压低市场价格，迫使诺贝尔就范。

诺贝尔看到几十年积聚的财产，顷刻间就要化为乌有，觉得冥冥中他的命运跟父亲多么相似，他决心不顾一切挽救他庞大的实业王国。当机立断连夜赶乘去巴黎的火车。视察之后，他觉得只要不遗余力公司还是有救的。于是他拿出几乎全部的积蓄借给托拉斯，同时撤销公司全部管理机构，解雇所有要员，重新组建一个可靠的领导集体，并亲自执行董事长职务。

此时，他不仅要冒着倾家荡产一贫如洗的危险，还要同那些被清洗掉的董事长、受惊吓的小股东们作斗争。他们与他势不两立，剑拔弩张，明里暗里围困他。诺贝尔以雄厚的经济实力和天才的胆识最终战胜了这场风暴。

然而，不幸一个接着一个。

这时，他最亲爱的母亲和哥哥路德维格去世了，精力充沛的组织家保罗·巴布死了，他最心爱的女人也始终不能成为他理想中的伴侣而远在他乡。他的身体越来越不好，心脏病、风湿病、冠状动脉硬化。更具讽刺意味的是医生竟给他开了换了个名字的硝化甘油内服的处方，真不知是巧合还是命运的捉弄，他拒绝了所有医生的劝告和治疗。

他想退出实业界，因为要为那些无法控制的人去承担责任太危险了，除非自己放弃科研亲自去管理那些人。而他又厌倦了炸药贸易，什么事故、规定限制、繁文缛节、自夸空谈、不轨行为、商务洽谈、尔虞我诈，况且自己对这些真不比对外星人更熟悉多少。于是他又辞去了各公司的董事长职务，把企业交给了英国人，这也是为避免再次卷进激烈动荡的法国政局。

此时，无烟炸药的发明所带来的辉煌，掩盖了他的其他发明创造。而实际上，他在各国申请专利登记的发明就有350项之多。

1893年瑞典乌普萨拉大学授予他名誉哲学博士学位，对此诺贝尔十分珍视。

←瑞典乌普萨拉大学

人生最后两项工程

人生自古谁无死，留取丹心照汗青。
　　　　　　——文天祥

　　诺贝尔忙碌一生，积累了巨额财产，怎么处理这笔财产，平时他没有时间细想，但在日常各种活动中，作为一个大资本家、大发明家，免不了要与各国政府官员及司法、经济机构打交道。在这些接触中，他对政府一直持批评态度，也坚决反对法国民主党广义的基本原则，即生产资料国有制。但同时他也反对大量私人财产被继承和留给亲属，他认为这样做会滋长他们的懒惰情绪，不利于人类的发展进步。这是他一贯的观点。

　　最近，法国报

界又借路德维格的死，给他发了一条"讣告"，表面上是一个粗心的记者错把身为"石油大王"的哥哥当成弟弟，实质上是不忘早些时候的不愉快，继而对他发了大量的相互矛盾的、完全不符合实际的评论。最叫他触目惊心的是这样一句话："甘油炸药大王，靠制造毁灭性武器发大财的大资本家……"短短一句话概括了他的一生。他震惊自己竟给世人留下了这样一个印象，这是他怎么也不能接受的。

他咒骂自己的炸药已沦落成

炸药被用于战争，这是与诺贝尔的初衷不相符的。

为不光彩的杀人工具，他决心要改变自己的形象，向世人表明他最初走上发明创造炸药的道路是为帮助父亲，加快苏伊士运河工程进度和矿山、铁路的需要。后来为军事目的研究无烟炸药也是基于这样的观点：他认为武器越先进，就越加迫使各国政府慎重从事，尽量避免战争。不料战争狂人没有理智，他们肆无忌惮地把先进的科学技术应用于战争；这与后来发明的原子能、激光、电脑、火箭等被用之于战争、毁灭人类一样，这样的责任怎么能由科学家来承担呢？

诚然，在试验、生产过程中有许多人为之牺牲和献身。但是作为一个科学技术人员，一个专家，他当然不能像大灾难的猎奇者那样，使用恐怖的腔调，也不会像新闻工作者那样用追求轰动社会的标题方式来说话，而是冷静地坐下来研究事故发生的原因和避免的方式、方法。

他虽然是当时实业王国的巨头，但他对商业的态度却是"我认真地去做，但不是热情地从事它们"。赚钱不是他的唯一目的，他要让人们认识到科学技术进步更广阔的社会意义和科学家的伟大胸怀。他认为一个工业国家的领袖，应该引导整个社会朝着公共福利与和平的方向前进，这是从广义上来讲。从个人感情上看，诺贝尔一想到要带着"军火商人"的罪名离开人世就不寒而栗。

我们今天看到的著名遗嘱就是在这样缓慢、曲折的心理过程中逐渐明确的。也许是因为诺贝尔一生没结婚，

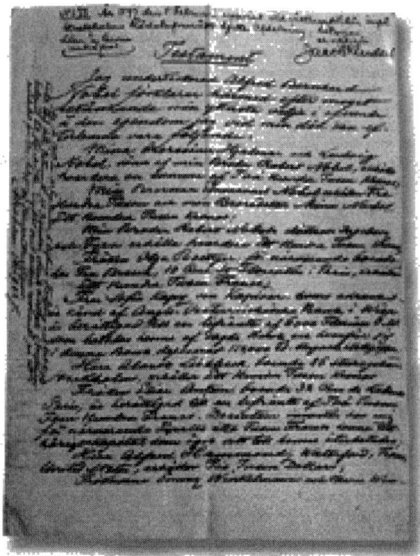

→ 诺贝尔的遗嘱

← 斯德哥尔摩

又四海为家，因此在遗嘱中没有小家庭观念，有的是对全人类科学进步、和平、文学事业的深切关注。在遗嘱中他写道：

……把以上财产全部兑换成现金后进行安全可靠的投资，并以这份资金构成一个基金会，基金利息每年用来奖励那些在前一年里为人类做出杰出贡献的人。上述利息可分为五等份，其分配方法如下：一份奖给在物理学上有重大发明的人，一份奖给在化学方面有重大发现或改进的人，一份奖给在生理学医学上有重要发现的人，一份奖给在文学方面创作出有理想主义倾向的杰出作品的人，一份奖给促进国

← 诺贝尔奖章

家友好、为废除或裁减常备军队以及为举行与促进和平会议做出过最大或最好工作的人。物理和化学奖由瑞典自然科学院授予，生理和医学奖由斯德哥尔摩的卡罗琳医学院授予，文学奖由斯德哥尔摩科学院授予，和平奖由挪威议会选出一个五人委员会来授予。对候选人的国籍不予考虑，不管他是不是斯堪的纳维亚人，

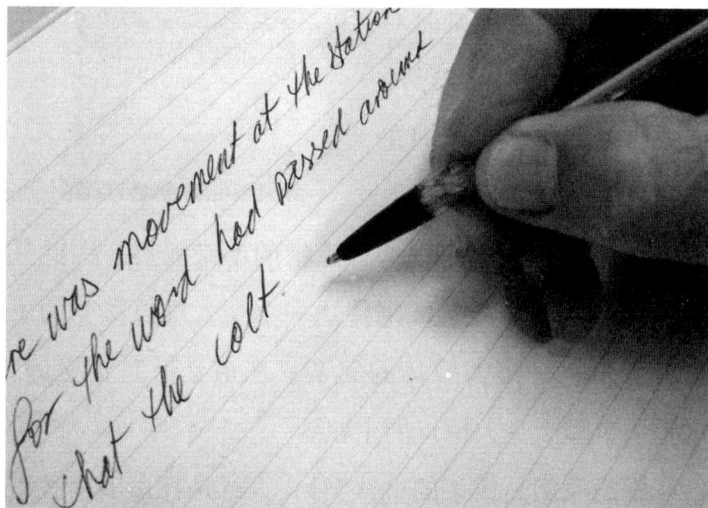

只要他值得就应授予奖金……

这就是诺贝尔给世人的说明和解释。

写完遗嘱，诺贝尔就开始着手写一部四幕戏剧，名字叫《复仇的女神》。

在这部剧中诺贝尔发泄了积压在胸中多年的愤怒和仇恨，他认为要死得安心，除了遗嘱之外，这部剧也是必不可少的。诺贝尔认为遗嘱是他对后人的鼓励，而这部剧则是对世人的警告。用他自己的话说是抒发他多年压抑在心底的情感，直到现在他也十分厌恶和不敢正视这种感情的本来面目，因此只好借助文学想象的装饰来传达一个令人难以接受的思想：谋杀一个道德败坏的父亲，在道义上是正义的！这是一个多么令人惊讶的主题。

剧的原型是雪莱的《钦契》，大意是抨击罗马教皇

纵容下的父权专
制。一个荒淫无耻
的父亲对女儿比阿
特丽丝有乱伦的行
为，而且这种兽行
愈演愈烈，女儿哀
求教皇制止父亲对她的蹂躏，却遭到教皇无理拒绝，
女儿陷入一片绝望中而后亲手杀死了父亲。

　　诺贝尔《复仇的女神》与《钦契》的区别在于：
尽管法律不肯把比阿特丽丝从乱伦的凌辱中救出来，
雪莱也决不宽恕杀人犯；而诺贝尔却借助圣母玛丽亚
的口说，是上帝指派她来担任天庭的执刑者，去杀死
他，而且要一刀一刀地杀，越残酷越好，要叫他多受
点罪。并且告诉她，在地狱里她也有权永远折磨他。
最后她用烧熔的铅水一滴一滴灌进他的耳朵，甚至还
让她的两个助手把蒙在他脸上的衣服拿掉，看他痛苦
的样子，还得意扬扬，两个助手被这样残忍的场面吓
得瑟瑟发抖。她丝毫没有一点怜悯和同情，人们不禁
要问：诺贝尔为什么这样愤怒？是什么使他如此疾恨？
是他真正的父亲吗？是他寄予无限希望的合法政府和
法律吗？还是他的背信弃义的朋友？人们不得而知，
不过这与他一向特有的持重和对文学作品的鉴赏力确

是格格不入的。

诺贝尔去世以后，他的亲属们读了这个剧本，认为："这样流传下去，会造成误会，有损诺贝尔的形象。"因此只留下三本，其余的都销毁了。

从这部震撼人心的剧作中，我们不难看出诺贝尔一生遭受多少曲折、坎坷和不平，他的反抗精神有多么强烈。

1896年12月10日艾尔弗雷德·诺贝尔跌倒在书案前，他得了脑出血，大脑部分瘫痪。这时他只能说小时候的母语瑞典话，而身边的医生却是意大利人，仆人都是法国人，现在谁也听不懂他说的话。正像他所预料的那样："身边没有一个亲人伏在我耳边说上一句真诚的安慰话，为我合上眼睛。"

就这样，他悄悄地离开了人世。

← 诺贝尔雕塑

相关链接
XIANGGUAN LIANJIE

诺贝尔奖项面面观

令无数世人心动不已的诺贝尔奖，自诺贝尔逝世后至今已走过百余年。提到诺贝尔奖，几乎无人不知、无人不晓。诺贝尔奖共由诺贝尔物理学奖、化学奖、生理学或医学奖、文学奖、和平奖与经济学奖等六个奖项。

其中诺贝尔物理学奖，是由瑞典皇家科学院从1901年开始颁发。每年的12月10日为了纪念诺贝尔奖的创始人，著名物理学家艾尔弗雷德·诺贝尔，都会在斯德哥尔摩市的音乐厅里举行隆重的仪式颁发此大奖。该奖项旨在鼓励那些对人类物理学领域做出突出贡献的科学家。由瑞典皇家科学院颁发奖金，每年的获奖候选人由瑞典皇家自然科学院的瑞典或外国院士、诺贝尔物理和化学委员会的委员、曾被授予诺贝尔物理或化学奖金的科学家以及在乌乌普萨拉、隆德、奥斯陆、哥本哈根、赫尔辛基大学、卡洛琳医学院和皇家技术学院永久或临时任职的物理和化学教授等科学家推荐。

诺贝尔化学奖如同物理学奖一样，也是诺贝尔奖的五个奖项之一，它也是首次于 1901 年 12 月 10 日颁发此大奖。但是，此后它的颁奖地点除了瑞典首都斯德哥尔摩的音乐厅以外，还有在挪威首都奥斯陆举行隆重的授奖仪式。

诺贝尔生理学或医学奖同样也是根据诺贝尔

诺贝尔奖项的众多获奖者

的遗嘱立下的奖项，由斯德哥尔摩和卡洛琳医学院共同负责颁发。起初此奖项的评选是由卡洛琳医学院的教员完成的。现在，根据诺贝尔基金会的相关章程，评选出卡洛琳医学院诺贝尔大会，由50名的知名教授组成，以确保评选的公平性、公正性。

诺贝尔文学奖仍旧是根据诺贝尔的遗嘱所设立的奖项，由瑞典文学院颁发。根据诺贝尔遗嘱中的要求，文学奖授予近年来创作的或近来才显示出其意义的具有文学价值的作品，主要包括历史和哲学著作。

诺贝尔和平奖与前几个奖项的不同之处在于，根据诺贝尔的遗嘱，它不应该与其他四个奖项一起在瑞典颁发，而是应该在挪威首都奥斯陆颁发。和平奖的评奖委员会是由5人组成的挪威诺贝尔委员会，其成员是由挪威议会任命。这一奖项顾名思义要颁发给那些"为促进民族团结友好、取消或裁剪常备军队以及为和平议会的组织和宣传尽到最大努力或是做出最大贡献的人"。这一奖项的另外一个与众不同之处在于授奖对象可以不是个人，符合获奖条件的机构与组织都可以被授奖。

诺贝尔经济学奖并不属于正宗的诺贝尔奖，也就是说，它并不是诺贝尔遗嘱中所提到的五大奖领域之一，而是瑞典银行在1968年为了纪念诺贝尔而增设的奖项，所以它又称瑞典银行经济学奖。但是它的评选标准与其他奖项是相同的，获奖者由瑞典皇家科学院评选。1969年值此该银行欢庆300周年庆典之际，颁发了首届诺贝尔经济学奖，由挪威人朗纳·弗里施和荷兰人简·丁伯根共同获得。

遗嘱引起的风波

> 真正的美德就像河流一样，越深远越
> 无声。
>
> ——哈利法克斯

艾尔弗雷德·诺贝尔逝世第二天，他的两个侄子，海尔马·诺贝尔、埃曼纽尔·诺贝尔以及他的私人助手拉格纳·索尔曼就赶到了圣莫雷。两个侄子急于翻找叔父的遗嘱，这时一份电报打破了这沉寂中的忙乱，这是从斯德哥尔摩一家银行发来的。电报上说："艾尔

弗雷德·诺贝尔的遗嘱在银行的金库里，银行将邮寄一份给你们。"

在圣莫雷举行了简短的仪式后，按照诺贝尔生前的愿望，把他的遗体从欧洲南方阳光明媚的海滨运到了冬夜漫漫的遥远的北方，斯德哥尔摩家族墓地。

这个墓地埋葬着他的父母和弟弟，以及后来的侄儿埃曼纽尔五个人。

在斯德哥尔摩最古老的路德教堂举行了庄严肃穆的葬礼。丧事刚刚结束，就传来了死者的震惊整个世界的遗嘱。诺贝尔把几乎全部的财产都捐赠了。他在遗嘱中明确地提出，这笔奖金应该用来提高那些杰出人物的威望，不论性别、不论国籍、不论来自哪个大陆、不论讲什么语言，而且把奖励为和平事业做出杰出贡献的人的权利授予了挪威议会。这时挪威正在准备废黜国王，割断与瑞典的最后联系，实现民族自立，也就是从瑞典的国土上分裂出去，这触怒了瑞典人的

民族自尊心。另外，遗嘱中还说，斯堪的纳维亚人在获奖方面没有任何优先权，这更叫瑞典人恼火，称这个遗嘱是不爱国的，坚决反对和要求废止的声浪很大。

当然，设和平奖更叫瑞典的舆论哗然。他们说，一位研究致命武器的大发明家和制造商却把从销售这种武器赚来的钱全部用在建设人类美好的和平事业上，这根本不合逻辑。

他们认为诺贝尔的发明创造为大规模屠杀提供方便，从而良心受到谴责，为了赎罪，才这样做的；说这个遗嘱是在女人影响下设立的，有人提出干脆拒绝这笔沾满血迹的金钱。还有瑞典那两所在遗嘱中被指定负责评定各国科学家和作家的成就的学术机构只不过是民间团体，也担心由于奖金分配而陷入国际范围内的争端并

→瑞典皇家广场

且可能打乱他们的日常工作而感到棘手。如果公开拒绝接受这项荣誉，对一个学术机构来讲，只能说明你自己的学术水平不高，缺乏信心，这又有损于民族自尊心。另外，在法律上这份遗嘱也存在不少纰漏，加之一部分亲属看到自己几乎什么也没得到，便出来干扰，这就更增加了执行这份遗嘱的难度。

就像大多数天才人物的伟大发明和发现，往往要在几十年、甚至几百年以后才能被后人所证实和确认一样，这个遗嘱也要经历那么多的风风雨雨才能兑现。

诺贝尔设立和平奖，的确是由于受了一位女性的影响而做出的决定。

这位女性深受诺贝尔的赏识，曾做过他的秘书，她就是当时著名的女作家、和平事业的积极倡导者——贝尔塔·金斯基。她也是他一生中最爱慕的女人之一。

那时，贝尔塔·金斯基来信热切地希望诺贝尔关心世界和平事业。因为在很多人心目中，诺贝尔这个名字

就意味着炸药，而炸药就意味着战争，意味着无政府主义分子所制造的恐怖。要是在世界和平运动赞助者的名单上，出现诺贝尔的名字或许能够改变这种印象。

诺贝尔认为贝尔塔的话很有道理。她还告诉他，奥地利不久前成立了一个和平协会，要求他捐助一笔基金，贝尔塔不断给诺贝尔传来关于和平事业的动态和信息。

1892年8月，诺贝尔应贝尔塔之邀列席了在瑞士伯尔尼召开的国际和平大会，会上他默默地旁听了辩论会的全部讨论过程和与会代表的发言，因为诺贝尔不希望披露姓名。

这时的贝尔塔已是一位很有名望的女作家，她写

了一本《放下武器》的小
说，呼吁消灭战争。这本书
震撼了整个欧洲。它警告人
们："不断增长的民族意识
潜伏着巨大的危险。"在书
中贝尔塔有力地鞭笞了战争
贩子，她喊出了千千万万母
亲和妻子的心声，代表她们

向战争狂人提出强烈抗议，抗议他们把在战场上的勇
敢和牺牲鼓吹为人类最崇高的美德。指出这完全是为
了美化战争、是为自己发动战争辩护以掩盖他们发动
战争的丑恶嘴脸。她呼吁人们不要为这种断送子女生
命的战争而迷惑，要把这种赞颂战争的态度转移到幸

福美好的和平事业上来。诺贝尔为这次会议的场面和内容及其伟大意义所感动。

会后他制定了一个切实可行的计划，雇用了一位叫阿里斯塔奇·贝的外交官进行调查。这位外交官曾出任土耳其驻华盛顿大使，对处理这类问题颇有经验。根据他的调查结果，诺贝尔认为会议上通过的提议简直是荒唐可笑，他们侈谈裁军，强制仲裁或成立欧洲同盟，在当前的欧洲形势下，不大可能。但是诺贝尔还认为哪怕是最微小的一步，他也愿意为之努力，并以此感到莫大幸福。

后来，诺贝尔提出一个集体安全防御措施，以防止"人类渣子组成的暴君政权"和群众狂热的拥护新

型暴政所导致的危险，但他没有料到"合法"政府也会在合法的权力争夺中瓜分世界。他虽然不是政治家，但他仿佛已看到欧洲上空第二次世界大战前那股迅速弥漫的战争乌云了。从中我们不难看出诺贝尔先生对世界和平事业的追求和向往。

无疑，贝尔塔对诺贝尔在和平问题上的态度做出了杰出的贡献。为此，她在1905年荣获诺贝尔和平奖。

1895年2月斯德哥尔摩专利局某部门主任——一位著名的发明家萨洛蒙·奥古斯特·安德烈在瑞典科

学院做了一次乘飞船到北极圈内科学探险计划的报告。

这个报告一时间引起了强烈的争论和反响，人们怎么也不能接受这个带有"荒唐"色彩的冒险计划。

当时科学院对北极探险这个计划也表示怀疑，报界更是纷纷嘲讽这项计划。诺贝尔却出人意料地站出来，支持安德烈。诺贝尔认为这是一项推动人类进步的事业，应该予以鼓励才对。周围的人们都用异样的眼睛看着他，他们不理解这位多病的老人，怎么如此热衷于一项荒谬的设想。在他们眼里，诺贝尔是一位严肃认真、实事求是的人，怎么把大量的资金投在没有实际效益的冒险行动上了？可是燕雀安知鸿鹄之志！把钱投在推动人类的进步事业上是诺贝尔一生的追求和愿望。

此外，诺贝尔更信任和敬重这位杰出的瑞典人，因为他知道，安德烈年轻的时候曾学习了有关航空学的全部理论知识。他制造的气球上面装配牵引绳、导向绳和风帆，使之成为可以操纵的飞船，他的试验在美国和欧洲曾引起轰动。

诺贝尔认为：富于幻想就意味着科学的进步，幻想就是人类进步的起点，没有幻想就没有科学发明。哪怕是十次幻想，有九次落空，只有一次成为现实，也值得去追求、去探索。

这次活动，诺贝尔不但自己捐助，还给安德烈出主意，想办法。首先争得了瑞典国王的支持和赞助，接着社会舆论也积极参与进来，捐助安德烈北极探险的计划。诺贝尔终于看到人们总算明白了这次科学探险的伟大意义。

不久，北极探险计划实施了，不过这时诺贝尔已经去世了。因此，他没有看到飞船起飞的报道，也没有为随之而来的死一般的沉寂感到沮丧，飞船消失在北极一片茫茫的冰川中。

33年以后，一支探险队在北极一个荒岛上找到了当年安德烈探险队的遗迹和这位坚强不屈的战士的日记，上面以严谨的科学态度记载着直到他冻死前所发

生的一切情况。

安德烈和他的队友成为许多为科学探险而英勇牺牲的伟大先驱者之一。

诺贝尔之所以支持这类科学探险活动，他的目的就是唤起人们对献身于基础科学理论研究和探索者的重视，激发人们的创造精神，推动新技术革命。

他设立文学奖，也是基于他热爱人类进步事业的崇高愿望，这项奖旨在宣传人类最高尚的理想，帮助群众认识人的伟大究竟表现在什么地方，设立文学奖与和平奖都是为了把群众的注意力引向那些献身于人类进步事业的人们。

这就是整个遗嘱的由来。可是实施这个遗嘱却遇

→北极探险

到了巨大的阻力。

在诺贝尔的亲属们纷纷对这份遗嘱提出异议的时候，有一个人却表现出了很高的风格，坚决支持这个遗嘱。他就是诺贝尔的二哥的儿子埃曼纽尔·诺贝尔。

其实，一旦遗嘱被执行，使他蒙受的经济损失最大。因为按照遗嘱，要把诺贝尔在俄国巴库的石油企业股份全部兑换成现金（占诺贝尔财产一大部分）交给基金会，埃曼纽尔必须拿出巨款买下这批股票，否则诺贝尔家族就将失去庞大的企业控制权。但是，埃曼纽尔不但不顾这份遗嘱给他企业的经营所带来的巨大困难，反而坚决站在叔叔的立场上，积极地促进遗嘱的执行。

他之所以这么做，是因为叔叔生前曾多次同他谈起自己对于处理后事的想法和打算，他理解叔叔的心意，赞成叔叔的想法："大量的私人财产应该用于全人类的进步事业，而不应该被继承和留给亲属，这样会无形中滋长他们的懒惰情绪，应该鼓励和激励他们自己去开创事业。"

就这样他终于说服弟弟、妹妹，尊重叔叔的遗愿，支持他的立场。

现在看起来，正是由于埃曼纽尔无私的正确态度和做法，顶住了来自诺贝尔大哥罗伯特后代的强大压

力，也顶住了以国王为首的反对势力的威逼。从而使全人类获得一笔巨大奖励和荣誉。

如果说埃曼纽尔坚决服从遗嘱的态度给公众留下深刻的印象，为遗嘱顺利执行奠定了基础，使全人类受益的话，那么艾尔弗雷德·诺贝尔处理遗产所表现出来的胸怀宽广、慷慨大方、远见卓识更令人钦佩！

然而，就在这些来自家庭和社会方方面面的风波和压力刚刚平息下去，又有一个"亲戚"跳出来，声称如果不满足她的要求，她就要把手里有关她与死者隐私的216封信，全部拿出去公布于众，这令遗嘱执行人大吃一惊！

相关链接
XIANGGUAN LIANJIE

诺贝尔遗嘱的争议

短短一页纸的诺贝尔遗嘱就涵盖了奖项设置的诸多要求，它的神奇之处由此可见。但这份神奇的遗嘱刚刚产生的时候还在瑞典掀起了一股不小的波澜呢！引发了一场关于诺贝尔遗产何去何从的争论。

在诺贝尔遗嘱公布之初，瑞典社会舆论的批评和谴责之声占了上风。在当时，诺贝尔的遗产是一个天文数字，对于诺贝尔无偿设立奖金的做法不仅他的亲属无法接受，就连他所在的国家也无从理解。当时报界公开地鼓励亲属上诉，反对它的理由主要是"法律缺陷"和"不爱国"。报界谴责说，一个瑞典人不注意瑞典的利益，既不把这笔巨额遗产捐赠给瑞典，也没有给瑞典人甚至斯堪的纳维亚人获奖的优先权，还要瑞典承揽这些额外工作，从而给瑞典人带来不能给他们任何利益的麻烦，那纯粹是不爱国的，瑞典的奖金颁发机构将不可能令人满意地完成分派给它们的任

务。此外，遗嘱还把颁发和平奖金的任务交给一个由挪威议会指定的委员会，瑞典与挪威之间的关系当时已经非常紧张，这将要严重损害瑞典的利益。一部分社会民主党人士指责说，诺贝尔设立奖金支持个别杰出人物，无助于社会进步。他们认为，诺贝尔的财产来自劳动和大自然，应该使社会每一个成员都得到益处。

而对法律缺陷的批评，曾被认为将使整个的遗嘱失效。高明的律师们挑出的第一个毛病是，遗嘱中没有明确讲出立嘱人是哪国公民。这样一来，就难以确定该由哪个国家的执法机关来判决遗嘱的合法性，更无法确定该由哪国政府来组织诺贝尔基金委员会了。这个指责不是没有道理的，因为，诺贝尔生在瑞典，成长在俄国，创业活动遍及欧洲，晚年也没有成为任何一个欧洲国家有国籍的公民。他们挑出的第二个毛病是，遗嘱没有明确指出全部财产由谁来负责保管。他们说，虽然遗嘱说要成立一个基金会，但又没有指定由谁来组织这个基金会。所以，可以认为，遗嘱执行人无权继承遗产，而继承遗产的基金会又不存在。

最令人丧气的是，诺贝尔在遗嘱中委托瑞典科学院来评定物理学和化学奖金，而该院院长汉斯·福舍尔却主张把诺贝尔的财产捐赠给瑞典科学院，福舍尔还拒绝参加研究评奖细则的会议。可以说，在诺贝尔遗嘱公布于众时，面临着来自各方的压力与阻挠。但是，诺贝尔的英明之处还在于他选择了一个有很强外交能力的执行人。

经过遗嘱执行人索尔曼等人的不懈努力，1898年5月21日，瑞典国王宣布诺贝尔遗嘱生效。1900年6月29日，瑞典国会通过了诺贝尔基金会章程。1901年12月10日，即诺贝尔逝世5周年的纪念日，颁发了首次诺贝尔奖。诺贝尔奖发展至今，他的高瞻远瞩已经得到世事的证明，诺贝尔奖的设立不仅推动人类的进步，还使瑞典成为世界的焦点。

相关链接
XIANGGUAN LIANJIE

诺贝尔奖的颁奖地——令人神往的斯德哥尔摩市

伟大的诺贝尔奖诞生在瑞典首都斯德哥尔摩市，此后每年的10到12月份，这个美丽的城市便向全世界发出她魅力的邀请，令世人心驰神往。斯德哥尔摩是瑞典第一大城市，全国政治、经济、文化中心。总面积约186平方公里，市区人口约76万，如果包括周围4个市区，人口总共186万。它位于辽阔的波罗的海西岸，坐落在梅拉伦湖入海处，

→ 斯德哥尔摩老城区

市区分布在14座岛屿和一个半岛上，市内水道纵横，70余座大小桥梁把它们联为一体，素有"北方威尼斯"的美誉。

首先不得不看的是斯德哥尔摩老城——格姆拉斯丹老街区。它是斯德哥尔摩的发祥地。徜徉于悠长的古老街巷中，思古之情油然而生。街区四周最古老的建筑为13世纪所建，这些中世纪的残垣断壁一直较好地保存至今。在大街北侧的王宫附近，有大教堂、德意志教堂等见证历史的建筑物，马车穿行于残垣断壁、城堡内的狭窄道路上。500平方米的小岛上，可以尽情闲逛咖啡屋、餐馆和购物中心。进入斯德哥尔摩的老城峡湾，峡湾在半山腰，从那里可以俯视整个老城和静静流淌的河水，暮色中，依稀可见对岸的王宫和一个大型的游乐场，还有渐渐远去的渡轮消失在茫茫的夜色中。

其次是端庄辉煌的瑞典皇宫。它建于17世纪，为一座方形小城堡，在正门前有两只石狮，两名头戴一尺多高红缨军帽、身穿中世纪军服的卫兵持枪而立。卫兵换岗仪式在平时中午12点举行，周日及节假日举行时间为13点10分。瑞典皇

宫是国王办公和举行庆典的地方，也是斯德哥尔摩的主要旅游景点。瑞典皇宫对外开放的部分包括：皇家寓所，古斯塔夫三世的珍藏博物馆，珍宝馆，三王冠博物馆，皇家兵器馆。在宫内可以参观各种金银珠宝、精美的器皿，以及宫内精美的壁画和浮雕。

接下来，看到的是斯德哥尔摩的市政厅。它位于市中心以西的国王岛上，靠近老城的水畔。这座大楼完成于1923年，是一座棕红色砖结构建筑，被认为是北欧最美的建筑物，市政厅是斯德哥尔摩的象征。106米高的钟楼顶上是金色的三王

→ 瑞典皇宫

←斯德哥尔摩市政厅

冠，在钟楼塔上可以观赏到斯德哥尔摩全景。市政厅里面的金色大厅墙面有1 800多万块黄金和小块玻璃拼成的马赛克画。金色大厅下面就是蓝厅，是每年诺贝尔奖颁奖仪式结束后举行盛大宴会的地方。

然后映入人们眼帘的是皇后岛。它属于皇家领地，距市中心15公里，因它的建设受法国凡尔赛宫的启发，故有"瑞典的凡尔赛"之称，是瑞典第一个被列入世界文化遗产名录的风景点。皇后岛内景点包括皇后岛宫、宫廷剧院、中国宫和花园。皇后岛宫是这片皇室领地的核心。剧院的

→皇后岛的中国宫

黄金时代是古斯塔夫三世在位时，后来古斯塔夫三世在剧院举行的舞会上遇刺身亡，从此剧院关闭。1922年经整修，按照以前的原样重新演出，现在剧院仍旧举行古典剧目的演出。中国宫包括有一座宫殿和两座亭子，内外都采用了中国和亚洲的艺术风格。

最后再来看看音乐厅。它是诺贝尔奖颁奖仪式举行的地方，是一座通体蓝色外墙的建筑，建于1926年，瑞典皇家爱乐交响乐团经常在此地演出。音乐厅前有俄耳甫斯的雕像(俄耳甫斯是希腊神话中歌手，手中拿着他擅长的乐器竖琴)，该雕像是瑞典著名的雕塑大师米勒斯的作品。

← 斯德哥尔摩音乐厅

爱情生活

有人将人生比喻成半个圆，只有寻到了
适合他或她的另一半时，人生才是完美的。

——佚名

艾尔弗雷德·诺贝尔作为一个发明家、经济家和
工业组织者，在他的实业王国中，曾荟萃了不少不同
国籍的、有专业知识和文化教养的男性精英；但在他
一生中，使他刻骨铭心、难以忘怀的女性却并不多见，除了与他相依为命的母亲外，与他过从甚密的女性只有三人。

一个是法国巴黎一位不知姓名的金发女郎；一个是对他遗嘱深有影响的女作家贝尔塔；一个是困扰

诺贝尔18年的精神累赘——卖花女莎菲娅。

在介绍与诺贝尔关系密切的三个女性之前，我们不得不提及的是，尽管他一生中在事业遭受挫折时，表现出了坚韧不拔的勇气和智慧与力量，能够不断地摆脱困境，取得事业的成功，然而，他在婚恋问题上却显得那么软弱和不明智，甚至有时作茧自缚，囿于困境难以自拔，这不能不说是他生活中的一种悲哀和不幸。

1850年，17岁的诺贝尔第一次离开侨居的圣彼得堡，赴瑞典、德国、意大利和北美及法国学习和旅行。

这段时间不仅强化了他在俄国少年家教时代学习的各科知识，更进一步巩固了他的多种语言基础，也使他初步领略了诸如巴黎的浪漫都市生活以及这种生

活所带来的愉快与悲伤，在一首诗中他这样写道：

　　……我来到巴黎……

　　唉，当青春对爱情丧失了信心，

　　我们结识了一个妞子，

　　妩媚未衰而心灵腐烂，

　　为了这点体验我们付出了代价，

　　即使吉星高照，也无法偿还，

　　……当情欲第一遭膨胀，

　　普通的果子无法将它喂饱，

　　一霎时罪恶施展了迷人的障眼法。

于是我举杯一饮而尽，

随即发现香醪中掺的是毒药。

沉沦者用姿色做资本，

每天拿羞耻换面包。

她能煽起欲火吞没理智，

使兽性的欲望不再饥渴。

当那股激情终于退潮，

就感到心头有什么东西在撕咬。

后来是悔恨

——

因为他辱没了自己。

这次经历使诺贝尔恐惧和悔恨，也深深刺痛和折磨着他，他写道：

让感官沉醉于声色之娱，

或者迁就淫欲的诱惑。

既然没人知晓，

似乎无损清白，

不行！

……

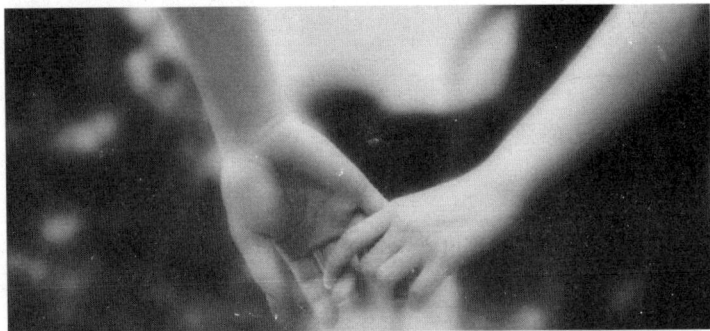

　　从这首诗中，我们不难看出，诺贝尔是多么渴望得到真正的爱情生活，得到一种能把两个人的心紧紧连在一起携手共同开创和建设美好未来的纯洁爱情生活。他是那么鄙视肉欲的横流。

　　说来也怪，这个后来在开创事业上充满信心的汉子，在爱情生活中却那么唯唯诺诺、缺乏信心。他曾怀疑真正的爱情究竟有没有？假使有，又会不会有人看中自己？

　　他总认为自己相貌丑陋，寒酸不顺眼，所以不论做什么事都避免出风头，尽量不引起别人注意。

　　他常说："尽管我有明确的远大抱负和高尚情操，可是她却藏在这'摇摇欲坠'的躯壳里，这对我自己和所有人来说都不仅是一种浪费，还显得过于娇柔！"不过这种纯粹的内心的悲哀使他显得有一种超脱尘世的孤独之美。

　　有一天，他信步走进一间舞厅，坐在一个不显眼

的位置上，身边炫目的灯光，交错的人影，忘乎一切的窃窃私语声和叫不出名字的乐曲，使他大脑一片空白。这时的他，没有情、没有欲、没有感，也没有想，只是坐一坐。这时，一位金发碧眼的女郎轻轻走近他身边，彬彬有礼地问他是否失去了亲人？他回答："我丧失的比这更多，我失去了一切幻想。"也许是诺贝尔的深沉和幽默打动了姑娘的好奇心，她进一步打听他的一切，他也就轻而易举地流露出了对人生的悲观情绪。女郎被他的真诚感动了，默默地倾听着，不时打断他的倾诉，纠正他的观点，这使诺贝尔很受鼓舞，澎湃的感情犹如打开闸门的洪水，悲观的、热情的互相融会，信心、希望、失望交织在一起，一发不可收拾。

女郎责备他不该缺乏信心，指出坚强的意志和聪明的禀赋就是他的资本。并提醒他只要有信心，就一定能赢得人们的爱戴。

这位美丽的姑娘，在年轻的诺贝尔心中简直就是一个品行高尚的天使。他们从傍晚一直辩论到东方发白，终于取得了一致的看法。

诺贝尔觉得自己"无限的喜悦，精神状态好多了"。以后，他们又约会几次，不幸的是，这位美丽的姑娘不久就香消玉殒了。

这段罗曼史在诺贝尔心中留下了难以磨灭的印象。

在42岁那年，诺贝尔对自己发明的炸胶和巴布的组织计划落实情况感到很满意，他想应该把自己的寓所收拾一下了，于是请了一位室内装潢设计师，把楼上楼下装修一新。这样就显得缺少一名管家，一名有教养的像女主人一样能里外应酬的人，还缺少一名办事稳妥的女秘书。也许是出于科学家、发明家的简朴、实用、高效的职业习惯，他觉得最好能找到一位身兼两职的人。

他开始考虑在哪里选人，想来想去，他选中了奥地利首都维也纳。那里的年轻女人擅长几种外语，她们性格活泼、欢快。于是他动手写了一则广告，大意是：

"居住在巴黎的一个有钱的受过高等教育的老绅士，聘请一位懂得几门外语的成年女士，当他的秘书兼管家。"信发出之后，他就以一种好奇的心情等待回音。

过了几天，他在众多的应聘信件中发现一封法文写得非常漂亮的信，这是一位奥地利贵族出身，名叫贝尔塔·金斯基的女伯爵写来的。对这封信诺贝尔很感兴趣，作为互相了解，通了几封信，并告诉她自己的工作漂泊不定，还有一些讨厌的毛病和爱好。

贝尔塔在后来的回忆录中这样描述道：他知识渊博、思路敏捷、语言风趣、调子忧郁、哲学思想深邃，给人感觉生活并不幸福，属于厌世者之列……

当他们见面后，他被她一头褐色的长发掩映下一双蓝色的大眼睛，还有挺拔秀气的鼻子、红润的双唇间洁白的牙齿惊呆了，这简直是一尊活的艺术品！而贝尔塔的惊讶也不亚于诺贝尔。她说，他根本不是年迈力衰白发苍苍的"老绅士"，他中等个，络腮胡子，背微驼，相貌不漂亮也不算难看，碧蓝的眼睛善良、温和，表情略显惆怅，语言不时交织着抑郁和讽刺。对许多话题他们都有共同的兴趣，但看问题的出发点却很不一致。诺贝尔的谈话很富感染力，而她对自然科学和哲学著作涉猎之广、功底之深也给诺贝尔留下了深刻的印象——在这样年轻漂亮的年华，有如此精深的造诣，而且还是贵族女性，实属罕见！

贝尔塔在回忆录中写道："听他纵谈世界与人类、生命与艺术、瞬息与永恒真是一种不可多得的享受。他经常回避社交，对世人的肤浅、虚伪、轻薄深恶痛绝，书籍和试验室是他全部的生活。"他们每天只能在一起谈一两个小时，最使诺贝尔感到奇怪和不安的是：此时贝尔塔已经33岁，对那个心照不宣的问题，她为什么避而不谈？

显然，此时他已深深地爱上她，他希望她就是他的意中人。

她活泼、漂亮、能弹会唱，有文化，有良好的教养，并且早就步入上层社会，交游遍及欧洲，他所要求的那些苛刻条件她全具备。

　　一天，他到旅馆去接她，在楼下等了好长时间她才下来，他问她为什么？她没回答，他发现她的眼睛红了，好像刚哭过。

　　这使他感到迷惑，随即写下一首诗：

　　你说我是一个谜——也许是，

　　我们全都是不可解的谜，

　　从痛苦开始，以深重的磨难终结，

　　人们啊，为什么要来到这尘世？

　　渺小的欲望把我们拘禁在地球上，

　　崇高的思想把我们举上天际，

　　还骗我们说，

　　就像灵魂永不灭……

　　他满以为贝尔塔会心里一热，马上对他一诉衷肠，可是，贝尔塔保持了沉默！

　　诺贝尔的诗只是勾起了她对往事的回忆和对生命的感慨，然而折磨着她的却是新的创伤。

　　后来他终于明白了，原来贝尔塔正在热恋中，为了逃避嫌疑才离开情人应聘到这里来。现在她又遇到新的"挑战"，而且向她求婚的男人年龄不是太大，就是太小，上至五十多岁，下至十几岁，只有一个年龄相当的，却在马上就要举行婚礼的时候逃之夭夭了。

她痛苦地告诉诺贝尔，与她初吻的就是一个"我死也不愿相从"的老头子。

现在的情人比她小7岁，在维也纳，天天给她来信。而且说，"如果再见不到你，我就要死了！"听了这些，诺贝尔好长时间没开口，说什么呢？安慰她？还是安慰自己？

唉，既然是这样，这种暧昧关系，继续拖下去双方都会因此从精神上受到伤害，还会引起无穷无尽的烦恼和忧虑。尽管他十分不情愿，还是忍痛割爱了。

他多么希望这位善良的姑娘无牵无挂啊。可是，事实太残酷了。

虽然如此，他还是向姑娘提出了一个建议："你采取果断行动，不给他回信！但要有勇气，坚持到底，新的生活很快就会冲淡你们两人的旧情——也许，他还会比你忘得更快呢！"

贝尔塔无言地走回自己的房间。

这一夜诺贝尔翻来覆去想了很多，第二天早晨他决定到斯德哥尔摩去参加一家新"达那炸药"厂的开工典礼。其实，这件事他可去也可不去。他打心底里扔不下正在犹豫的贝尔塔。但是他觉得他们的相识相遇本身就是一种命运的机遇，还是听天由命吧。

结果当天下午他就收到了贝尔塔从回国的车上发来的快信，从此，他们每年都彬彬有礼地互致新年祝贺。但是让诺贝尔始料不及的是，他在以后的生活中会继续受她的影响，并且是至关重要的影响。

在诺贝尔看来，贝尔塔的行动未免有些轻率，不负责任或者考虑不周到，不管从年龄上还是从阅历方面，她都不应该嫁给一个比自己小7岁的男人，而且这个男人没有家产还要继续学习。另外，他们寄宿在公爵夫人家里过着寄生生活，每天陶醉在无所事事的生活圈子里，很容易使人懒散堕落。诺贝尔为贝尔塔惋惜，也为自己懊丧，她本来可以成为他最理想的管家和秘书，她也将会成为一位漂亮又有教养的、说不定是他终身伴侣的最佳人选。可是现在，一切都不可能了，贝尔塔的音容笑貌久久地萦绕在他的身边。

他总觉得她是个谜，是个难解的谜，在她身上是什么吸引着那么多的求爱者，而且他们最终还是改变主意离她而去。是她那生机勃勃欢快的情绪？还是她那特有的美丽？不！不是！她身上有一种使人为之振奋的精神力量，这使无论年轻人、老年人都能萌发出最大的热情、信心和力量，从而产生宏伟抱负。这种刚毅、勇往直前的精神，没有一定能力和才气的人是难以承受得了的，所以有些人吓跑了，而对有些人来说，贝尔塔这样的女性是难能可贵的。

这就是那位著名女作家、和平事业倡导者、影响诺贝尔遗嘱的关键人物，贝尔塔·金斯基伯爵。

1876年，诺贝尔应二哥路德维格之邀到俄国巴库——大哥罗伯特的油田实地考察。在返回巴黎途中，在维也纳温泉停下来过周末。诺贝尔喜欢这个旧式疗养地，沐浴在含有硫质的矿泉水里使人感到心旷神怡，幽静的库尔豪斯虽然令人感到有些保守，但欢快的年轻人很多，公园里的景物也宜人，诺贝尔踏着轻松的脚步，漫步在街头。迎面碰见一位企业界的熟

人，这位朋友一定要他到自己的别墅里吃午饭，盛情难却。诺贝尔想，应该到花店给女主人买一束鲜花，才不失礼节，心中这么一动，脚就迈进一家花店，一切来得那么自然、那么简单，诺贝尔怎么也没想到就这一步，竟牵引出今后18年的缠绵爱情生活。假如，他当初能预料到这种感情发展的后果，他又会怎样处理眼前的事呢？

那天，他刚走进花店，一个非常美丽的年轻姑娘迎上来招呼他，见他说不清想买什么花，就问他给谁买？与这位女主人是什么关系？女主人多大岁数？结婚没有？这样一连串既地道又大胆的询问，令诺贝尔心奇又好笑，他觉得这么认真又大胆地刺探人家的私生活和秘密又不脸红，真是不可思议！诺贝尔非常高兴地"坦诚相告"，想看看她听后是什么反应或者给他拿什么花？同时，

他也被这位姑娘优美的姿态迷住了，他有点心不在焉，她太美了！

一头乌黑发亮的头发，像瀑布披散下来，淡蓝色的眼睛里流露出来的既不是思想，也不是感情，一闪一闪，有如夏夜朦胧的月色，红豆一样的嘴唇间一线皓齿，加上她柔软无力略带倦怠的妩媚，好像在梦中。诺贝尔不知道怎样接过的花束，随口呢喃道："饭后能一起出去散步吗？"姑娘先是一愣，随后反应过来，爽快地答应了。诺贝尔庆幸在周六的下午没有人要带她出去玩。看起来，这是个非常好的开端，她叫莎菲娅。

他们骑着马，遨游在林间小道上。这是一片美丽的松林，但莎菲娅对风景没有兴趣，她想了解诺贝尔是干什么的？诺贝尔故意叫她猜，她猜得太离谱了，叫诺贝尔忍不住捧腹大笑，就提醒她，他是一个发明家，发明的东西威力可大啦，莎菲娅说，那一定很有钱吧？她的简单、机灵、直率都说明她没受过什么教育。她还大胆地问他结婚了没有，这个问题不仅没打消诺贝尔的兴致，反而使他很高兴。于是姑娘也向他倾诉了她那寒碜的家事。看起来这个姑娘一点文化没有，但那些毫无意义的琐事，从她那美丽动人的形态背后流露出来却是那么令人怜爱和陶醉。和她在一起使诺贝尔感到一种从没有过的轻松愉快，尽管这时巴

黎正有件急事等着他去处理，他还是不知不觉地在这里多耽搁了一天。

无疑，莎菲娅的美丽构成了一道风景线，莎菲娅的诚实和坦白构成了一个安宁的港湾，在实业王国的大风大浪里闯荡的游子需要休息，需要安详。在紧张繁忙的事务堆里，在奥妙无穷的试验室里，他从来没有像现在这么轻松愉快，他仿佛是一个发动机上的电瓶需要充足电，再去搏击风浪，这就是他们的初次相遇。

后来诺贝尔带她到珠宝店买首饰，她不假思索就选中一只最漂亮、价钱也最昂贵的手镯，看到她有如此好的眼力，诺贝尔非常高兴，他答应过两周再来看她。

其实，诺贝尔不是很看重这个萍水相逢的姑娘，尤其回忆起她那些粗俗不堪的语言就每每叫他不寒而栗。但她那纯洁天真、妩媚动人的姿态，又不断激起他种种柔情。一看到她，他就不去苛求她的语言了。她没有思想，令人吃惊地坦白，毫不遮掩。和她在一起无须心计，也不用动脑筋，更不用有什么恐惧和担心，她就像一张白纸，简单明了。他愿意降下一个格调和她在一起。他喜欢抚摸她的头发，玩弄她的手指，吻她的面颊和额头，这些对他已经足以。他愿意接济她，他对这些全当一种享受，当他彻底了解她的家境以后，就更希望她能有一个满意的结局和归宿。他不断接济她，甚至当他听到她述说她的父母总是希望她的美丽有一天被哪个阔佬看中，从而使他们也能交上好运这种卑劣的动机时，也不忍心去责备和慢待她。

他同情莎菲娅，他认为莎菲娅的处境完全是被她的家庭累及的。在他看来，莎菲娅傻气十足，但他却被她的傻气给俘虏了。他对她既像父亲，又像哥哥，还像朋友和情人。本来她就是他的所爱，他实在也说不清这种复杂的感情，现在这种感情越来越占去他大量的时间。除了繁杂的事务外，他又多了一件重要事，即经常去奥地利和德国，每次往返他都要去看她，给她留下相当大的一笔银行存款，使她辞去花店的工作定居在维也纳，他希望提高她的生活档次。

在莎菲娅看来，幻想中的奇迹变成了难以置信的事实。这个彬彬有礼的阔佬会不会是逢场作戏？每当

想到这些，她就害怕得要命。他安慰她。她多么希望诺贝尔能真心爱她，她想要是真正能赢得这位受人尊敬和钦佩的人的爱，那该是多么幸福啊!她越来越喜欢上这个和蔼可亲的人了。而且她相信，这不是为了报答他的好心。

诺贝尔更不希望她的爱是出自感激之情，甚至怀疑她的爱的背后有她那令人讨厌的妈妈在作怪，因而他常常感到苦恼。

看起来，这对情人是真心相爱了。对于人们的纷纷议论，莎菲娅总是认真地听着，她把人们的思想、性格、文化、修养、千差万别的一切，统统归结到几个简单的模式里，她把它们区分为自负的、凶狠的、有雄心大志的、懒散的以及富有同情心的。就连一些著名人物，包括诺贝尔企业中的朋友及助手，甚至连诺贝尔的哥哥也都被套进这个模式衡量过;经她这么一套，这些人也轻而易举地降低了身价。这不是她有意中伤他们，而是她就这种水平，他只得将就她，他把自己也降低到她的水平，聊以自娱，因为他爱她。

他称她为心爱的小宝贝，在巴黎又给她预备了一套舒适的房间。雇了一名厨师，又聘请一位法语教师，莎菲娅像一只欢快的小鸟张开翅膀，终于使这位头发灰白的大发明家感到了爱情的魔力。爱情的力量是任何其他什么东西也代替不了的。

此时此刻，他感到这就是人间的永恒，一切的一切都将为这瞬间的永恒所遮盖。第二天早上醒来，再想恢复这种魔力就不容易了。理智又回到了他的身边，他又投入到紧张繁忙的工作中。可是等到他再一见到莎菲娅，全部知觉和官能在一闪之间又燃烧得通明透亮，世界上究竟还有什么比这种存在更有价值？一切抱负和成就在她耀眼的光芒面前都黯然失色，有如旭日东升时隐遁的星辰。

就这样，这种幻觉时隐时现。来去之间，莎菲娅有时高兴，有时耍个小脾气，闹个小节目，使艾尔弗雷德难以驾驭。有一次，她闹着要陪他一起去外地办事，去实验室，要经常和他在一起。这，他办不到。

她不喜欢学习，腻烦他让她学这学那，也不喜欢欣赏美丽的风光，总是拉着那位女教师上街购物。情人间也经常发生争论，争论过后又和好如初。莎菲娅病了，殷勤的医生大惊小怪跑来跑去。

1878年有一段时间，他们几乎每天都有书信来往，有时一天几封信。有一次，两天没收到莎菲娅的信，后来终于等来一封电报，诺贝尔一看就妒火中烧，立刻用最挖苦的语言把自己心中的疑问毫不客气地向莎菲娅泼去，他忘记了她身边还有一位高水平的女教师

呢!

接着又轮到莎菲娅嫉妒了，原来几个月前，为了使莎菲娅的病快点好。诺贝尔答应带她到斯德哥尔摩去，现在他开始意识到这个决定是轻率的，这姑娘身上没有一点符合他母亲要求的地方，把她带回家去，肯定会遭到全家人的反对，由此会带来许多麻烦。他开始坐立不安，既怕得罪了莎菲娅，又怕伤了母亲的心，如果带她去了，莎菲娅肯定会受到伤害，由此毁灭了他们两人的爱情，他急得团团转。

其实，莎菲娅也忐忑不安，她一向不讨女人欢心，她认为那是由于她太漂亮了，她们嫉妒她，这倒没什么。但这一回却不是那么回事，她不知如何是好，就

写信告诉了她的母亲。

这边诺贝尔琢磨着，她虽然有几分姿色，但那些谈吐的随意性一方面说明她的善良本性，另一方面，也会毫无遮挡地暴露出她的幼稚和无知。这种性格对大多数男人颇具魅力，但却容易遭到女人的白眼。况且，罗伯特和路德维格的女人肯定免不了要对她品头评足。路德维格的妻子朴素、直率、有教养，罗伯特的妻子很高傲、势利，这都会给莎菲娅无形的压力，诺贝尔很为莎菲娅捏一把汗。

这时莎菲娅的母亲也来信，教给莎菲娅这样、那样做，要她千方百计讨好这母子俩。但是在那北国朴实无华的环境中，奉承和虚伪不仅无济于事，反而会事与愿违，莎菲娅写信驳斥了她。后来她母亲又派二女儿带着她的更多的嘱托来给莎菲娅出谋划策，莎菲娅受不了，歇斯底里发作起来，妹妹吓走了。

诺贝尔决心不顾一切，遵守对莎菲娅的诺言，但莎菲娅拒绝了。

诺贝尔如释重负，他非常感激莎菲娅，带她到温泉疗养，陪她去最好的、她最喜欢的剧院，去舞会上一起跳舞、会见朋友。他从来没有对她如此亲热过，她本能地知道他这样做的原因。他们度过了一段非常难忘的时间。

　　一直到他母亲的生日，他才告别莎菲娅一个人回斯德哥尔摩。

　　兄嫂们都回来了，一家人欢乐地庆贺母亲生日，气氛亲切热烈，交谈融洽友好。在这期间，诺贝尔每天都要去处理一大堆信件，这占去了他不少时间，可别人不知道是怎么回事。

　　尤其看到路德维格夫妇相敬如宾，举案齐眉，诺贝尔不禁心头一震，他意识到：如果莎菲娅在他们中间将是多么尴尬，母亲又该多么失望！他想到自己险些毁了她的晚年幸福。可他又想，也许母亲和家人为了成全自己，能够接受莎菲娅为诺贝尔家族成员，但那也肯定是虚情假意的。也有可能由此损害了他们之间亲密的关系。每当想到这些，他就心有余悸。于是写出一封对她的前途充满忧虑但又非常委婉的信，说："也许将来会有一天，也许不会太远，有一位小伙子真心地爱上她。"但是信一发出去，他就后悔了。

　　其实他不用担心，写信也没用，她就是认为他爱她，她不会去分析更多，更不会自寻烦恼。

　　接着他又收到莎菲娅一封信，大意是说，女教师对她不满，有点合不来。诺贝尔从信中察觉到女教师是因为她新结识的男朋友太多而感到不安，疯狂的嫉妒心使他失去了理智，他马上回到了莎菲娅身边，证

实他的猜测。然而一见到莎菲娅一切都烟消云散，他们又和好如初了。他俩一致认为一切不快和误会都是因为他们不能经常在一起造成的。

为了向莎菲娅表示爱情，诺贝尔在伊斯基尔租下了一座美丽的大别墅，又雇了一班仆役，莎菲娅搬进去由她的妹妹陪伴着。安排好这一切之后，诺贝尔就把自己埋进试验室通宵达旦地工作。但这时他的智力已不像以前那样充盈了，解决问题时变得迟疑不决，进展缓慢。从1879年到1884年他实际上没有取得什么成果。

莎菲娅不在身边，他人在实验室，心却跟着莎菲娅到处走。因为没有他陪伴，莎菲娅不愿一个人住在

伊斯基尔，她经常到卡尔斯巴德、威斯巴登、梅兰、博岑（现名波尔萨诺，意大利的旅游城市）疗养地及其他上层社会喜欢去的地方转悠。她没有固定的地址。诺贝尔的信她常常收不到，或者他还没来得及告诉她他要去看她，她就离开了。他的信跟不上她，人也总跟不上她，这种情况就成了猜疑和误解的根源。

另外，莎菲娅虽然出身贫寒，但自从有了诺贝尔的接济以后，就开始挥霍无度。也许是诺贝尔的宽宏大量使她完全丧失了节俭观念，她想买什么随时就买，没钱就赊账，诺贝尔虽然恼火，还是不声不响地替她付清欠账。

因为他一看见她那明媚的大眼睛恳切地望着他，他的心就软了。她天真、任性，还受着本性的支配。

这一对孤独的人儿相互依恋，虽然都是为了不同的欲望所驱使，却还都在竭力寻求着爱情的保护。

虽然他们对生活的理解、对人生目的的理解、对精神修养重要性的理解、对作为有较高的文化和社会地位的理解差距是那么大，甚至无法沟通，但他们还是分不开。虽然诺贝尔曾经抱怨自从和她在一起，自己变得愚钝和糊涂，智力也不如以前活跃，以致与那些有教养的人在一起深感羞愧，但他认为这不怨莎菲娅，莎菲娅是无辜的。

在一封信中，他这样写道：

……

就在今天我写这封信的时候，我也痛感我的智力低于别人。我悲叹我不幸的经历，请别为此生我的气。你不知道，这些年来，你损害了我的智力，滥用了我的怜悯和钟情，对我造成了多么严重的后果。不幸的是，如果一个人脱离了文明社会，忽视了与有学识的人交流思想，他最后就没有能力进行这样的交流，就会失去自尊心，同时也会失去别人对他的尊敬，因为从前他是受人尊敬的。

善良、可爱、多情的莎菲娅，最后，我诚

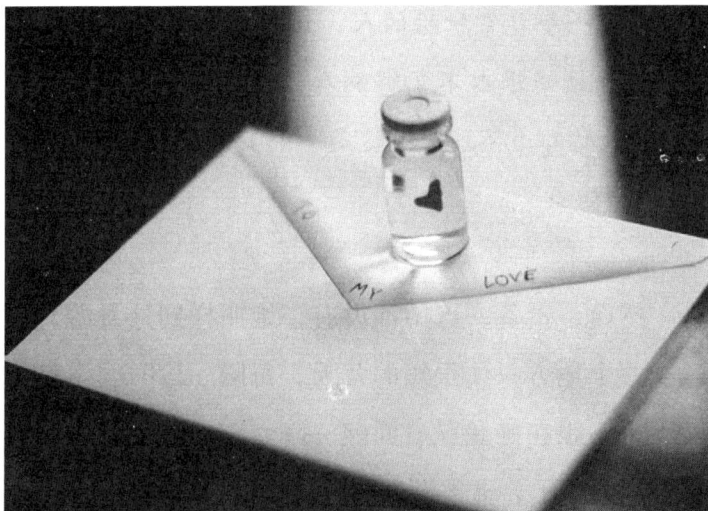

挚地祝愿你，你的青春应该比我的美好，希望
你永远不会有我这种自惭形秽的感觉。祝你快
乐平安，别忘了你那不幸的绝望的朋友。

　　类似这样的暗示，对莎菲娅没有用，她也不会自
觉，反而认为这是诺贝尔一向的牢骚话。确实也如此，
只要他们一见面，不需几个小时，他的"坚强"决心
就会土崩瓦解。那些烦恼和忧虑就会自动自觉远遁到
九霄云外。
　　在她的眼里，那些会议和事务纯粹是他为了躲开
她的借口，像他这样有钱，该尽情地享受人生才对。
在一封信里，诺贝尔责备她：

一个非常忙碌的人，让一个姑娘拖累着，这个姑娘根本不了解别人，却来干预他的工作。你难道不能理解这是一个多么可怕的负担吗？

然而，责备一点用都没有，她照样到处漫游，而且在一个地方只住很短的几天，每隔一段时间诺贝尔就不得不跟在她屁股后面跑一阵，跑一阵他就发一次火，因为暗示、责备没有用。

有一次，他干脆写信明确地告诉她，要她去建立一个真正的家庭。随后，他又收回成命，听从莎菲娅的主意，在巴黎购置一座美丽的大别墅。就这样反反复复劳心、伤神、苦不堪言的爱情生活折磨着诺贝尔好多年。

诚然，这是一次"真正的爱情"。但也是一场注定要失败的爱情。诺贝尔像长辈一样关怀、照顾、也娇惯她，他总是试图把她从一个懒散和贪玩的顽皮姑娘，培养成一个聪明和有事业心的女人，可是他都失败了。他写道："当我被迫充当一个长大成人的孩子的奶妈子，以及被我所熟悉的人当笑柄时，我的整个生活都转向苦恼中。"她本应该成为他孤独寂寞生活中的伴侣，可是她却变成了一个消磨精力和费用高昂的精神

累赘。

诺贝尔始终认为她缺少教育，不懂世故，因此常为自己有这样的情人感到羞愧，所以他一直不肯娶她。

从1883年到1893年这10年间，也就是诺贝尔50岁到60岁这段时间，是他最苦恼的时期，形势迫使他违背自己的意愿，去进行一些繁杂的事务性活动，加上各种发明、建厂，兴办大型托拉斯，还有发明专利权官司，所有这些都使他疲惫不堪。

还有一件事使诺贝尔大伤脑筋、叫苦不迭，其原因是当他听从莎菲娅的主意买下他们一直租用的伊斯基尔别墅后，要同居，还要避免不必要的烦恼。因为这座别墅的周围都住着一些自视清高又有身份的人，

进进出出、来往信件肯定会引起流言蜚语，因此他决定用正式夫妻的名义写信和拍电报。称她为莎菲娅·诺贝尔太太，莎菲娅也用同样的名字写信发电报。可是不久，他就发现这是个很不明智的做法，因为莎菲娅对这个大名鼎鼎的新称呼很感兴趣，到处跟别人通信，滥用这个名称。她还不愿请人代写信件，随便想什么写什么，不管什么章法、语法，漏洞百出，一塌糊涂。这样文理不通的信件，到处投寄，令收信人大为吃惊，像诺贝尔这样杰出的实业家、发明家，怎么找了这样一个几乎一点文化教养也没有的女人做妻子？诺贝尔听到这样的反应，一边感到惭愧，一边千方百计要她懂得这种粗俗不堪的信给他带来的危害有多么严重。但莎菲娅却不在意，依然我行我素，她始终认为，让她使用诺贝尔的姓氏就是同意和她结婚的一种表示。年复一年，她一直坚持这种看法。但是，无论她怎样哭闹、甚至晕倒，诺贝尔始终对这个问题根本不予考虑。

诺贝尔在信中告诉她，如果你没有文化，你就该安分守己，自得其乐，别出风头。你经常说我不能够爱上任何人，其实只要你不伤我的心，我仍然是爱你的，可是人都有自尊心——自尊心！你懂吗？

诺贝尔的话是实际的，她虽然没有文化，不识时

务，正像她无法改变自己一样，他也无法改变自己深深地爱着她这一痛苦的事实。他也曾反复地思索是什么力量使他竟这样迷恋一个性情浮躁的姑娘，而且使自己达到如此不能自拔的地步？这种感情又是这样的没有理智，甚至长期干扰他的正常生活，从而累及他的名誉。他不承认这是可耻的情欲在左右着他，他知道这就是生活，而没有走进生活这所大学的人，是根本无法想象和正确评论这个问题的。有谁能理解这份无奈的爱呢？其实，阳光和阴霾都叫爱情；明智和不明智共同构成生活。

最使诺贝尔伤心的是，他收到莎菲娅一封信，信中说，几个月内，她就要生下一个父亲是一位年轻的匈牙利军官的孩子来。诺贝尔经历过无数严峻的考验，并且也习惯了听到扫兴的消息，他没有鲁莽行事，他毕竟是一个有教养的绅士。他写了一封有感情的安慰和劝告她的信，决定以后不再去看望她，但却通过一位律师为她以后的生活供养做了安排，给她30万匈牙利克朗作为养老费。

后来莎菲娅生下一个女孩，在孩子三岁的时候，诺贝尔见到了她们母女。1895年3月7日他给她的最后一封信里写道："你的孩子是一个可爱的小家伙，现在重要的是将她恰当地培养成人……但是，你必须放弃

你的一切懒惰与愚蠢的思想。总之，你真是一个感情的小人物，而感情是有着伟大价值的。我甚至相信，倘若普拉特斯特拉斯(她的家)远在100英里之外，你也不会是完全没有良心的。"

实际上，莎菲娅的结婚纯粹是一种形式，她同她的丈夫并不住在一起。她继续过着她那种不负责的生活，没有钱就到处借贷，典当首饰、裘皮，在莎菲娅不断地恳求下，诺贝尔还是不断地接济她，而且他们两口子都从不同的方面试图敲诈诺贝尔的钱，直到他1896年死时为止，莎菲娅也没改变她自己。这位从后街上冒出来的"太太"通过一位奥地利律师，通知遗嘱执行人，根据习惯法她实际上是艾尔弗雷德·诺贝

尔的妻子。这使遗嘱执行人大吃一惊。

展现在人们面前的是持续18年的同居生活证据，还有诺贝尔的亲笔信，信封上都明确地写着"莎菲娅·诺贝尔太太"！

莎菲娅的律师还以法律起诉相威胁，用丑闻来要挟是莎菲娅手中最有效的武器。遗嘱执行人考虑到，果真闹到这种地步，对诺贝尔身后的名誉有所玷污，况且瑞典和挪威的机构说不定也会因为事涉秽闻而拒绝接受任务，但莎菲娅的要求是要得到比遗嘱规定多得多的权利。她不断向遗嘱执行人施加压力，声称已经得到某出版商的许诺，买下用各种语言出版这些信件的版权。就在这样咄咄逼人的形势下，遗嘱执行人只好雇了几位德国律师来调停争端，最终达成协议。诺贝尔给予莎菲娅的终身年金将继续支付，并偿付她

在交涉过程中花费的一切费用，她的律师将担任保护人；同时要求莎菲娅遵守协议的各项条款，交换条件是把诺贝尔写的216封信以及信封，还有一张诺贝尔的画像全部交给执行人，并保证以后不做任何有损诺贝尔形象的事，如果她违犯这些规定，立即取消年金。这就是"持续18年之久的真挚爱情"的始末。

诺贝尔这位工业王国的巨人、伟大的发明家在处理科学和实业问题上是那么有智慧和决断，处理恋爱和婚姻问题时却显得这么不明智。他一向主张，只有理智才能引导人们过上有益的生活，自己却无可奈何地做了感情的牺牲品。从他去世前几年的沮丧情绪中，我们不难看到他是作为一个对女人和爱情感到幻灭的人而死去的。其原因，不外乎是与这位奥地利小姑娘的爱情故事有关。

写到这里，我不免想道：如果能有一位与他相匹配，或者当年那位巴黎不知姓名的金发女郎依然健在，陪伴他的终生，那么后果又会是怎样呢？

诺贝尔可谓是繁忙世界的孤独行路人，他从年轻时代起就追求心心相印的美好爱情生活，但是，昙花一现的真正爱情幻灭以后，他就转而投入自然科学的浩瀚海洋里，并从那里吸取对人类世界博大的爱。

诺贝尔不仅以他生前许多的重大发明和死后各种

著名奖金为全世界、全人类的精神文明做出贡献，更为瑞典国家和人民带来巨大光荣。

在景色秀丽的水上城市斯德哥尔摩，有很多工业、企业和学术机构都以诺贝尔的名字命名，市政大厅、诺贝尔基金会和国家科技博物馆等地，还有他的雕像或者保存着他的各种文献资料。每年一度的 12 月 10 日诺贝尔奖颁奖仪式更是斯德哥尔摩的一大盛典。

诺贝尔当年的出生地，现在早已变成繁华的闹市区。没有改变的，只有诺贝尔的坟墓，依旧是那块约两米高的方锥形普通石碑，上面简单地刻着父母、弟弟和他以及后来的侄子的生卒年月日。

这是因为诺贝尔一向反对厚葬，他曾说："活人的肚皮比死人的纪念碑之类的荣誉，更值得我关心。"

诺贝尔生前富甲一方，但没为自己和家人修建豪华墓碑，可是，他却在全世界人民的心中树起了一座永恒的丰碑。

相关链接
XIANGGUAN LIANJIE

改变我们身体健康的诺贝尔奖

从诺贝尔设立这个奖项的初衷来看，在于奖赏人类的最高智慧，推动人类社会的不断进步。所以，那些获得诺贝尔奖的成果不仅凝结着研究人员超人的智慧还具有重大的现实意义。下面就让我们一起来看看改变了我们生活的诺贝尔奖有哪些。

第一个对人类身体产生影响的诺贝尔奖成果是能穿透人体的神奇的X射线。发现这一射线的德国著名物理学家并因此有幸成为第一位诺贝尔物理学奖得主。这个射线的神奇在于它能够穿透人体，拍出用人的肉眼所看不到的骨骼结构。这无疑极大地推动了医学的发展。

第二个对人类健康产生巨大影响的是德国细菌学家和免疫学家冯·贝林所研制的白喉抗毒素血清，使得白喉病不再是困扰人类的顽疾，由此揭开了人类20世纪征服一切疑难病症的序幕。他也因此获得了诺贝尔生理学及医学奖。

　　第三个改变人类健康状况的诺贝尔奖成果是德国医学家欧立希对昏睡病和梅毒的有效治疗。经过他和他的学生不懈努力，终于发现了治疗昏睡病和梅毒的有效方法。再次实现了科学家拯救人类的伟大使命。

　　第四个对我们的健康形成重大影响的是疟疾的有效治疗。在中世纪时期，疟疾被视如今天的癌症一样的疾病，一旦患上就必死无疑。在19世纪末的时候，世界上每年至少有3亿人患有疟疾，并有300万人死于疟疾。无疑在19世纪，疟疾堪称恐怖的人类杀手。直到法国医学家韦朗发现了疟疾是由疟原虫所传染的症结后，猖獗的疟疾才得到有效的控制。

　　第五个改变我们身体健康的诺贝尔奖成果是丹麦医学家芬森所开拓的光疗法，以治疗狼疮。自幼患有疾病的芬森在从医后，经过多年的研究发现红外线能加速天花的痊愈。以此为起点，他在1895年以紫外线治疗狼疮大获成功，并因此成为光疗法的先驱。从此以后，在人类的疾病史上又少了一个威胁人类生命的不治之症。

　　第六个对我们的身体产生影响的是糖尿病的

有效治疗。从前，糖尿病也是严重威胁人类健康的顽症。1922年，苏格兰的一位名为麦克劳德的生理学家和加拿大的医学家班廷同时发现了胰岛素在治疗糖尿病过程中的神奇疗效，并因此而分享了诺贝尔医学奖。

最后一个要向大家介绍的改变我们身体健康的诺贝尔奖成果是心电图的发明。心电图原理是由荷兰疾病学家艾因托发现的。经过了他长达20年的不懈努力，到了1901年前后，终于使得心电机问世并成功应用于临床诊断。他也因此获得了1924年的诺贝尔生理学及医学奖。